新世紀叢書

當代重要思潮・人文心靈・宗教・社會文化關懷

從慈悲出發，
直到一切苦止息。
達賴喇嘛說
喜樂與開悟
In My Own Words
An Introduction to My Teachings and Philosophy

作者◎第14世達賴喇嘛 丹增嘉措 Tenzin Gyatso

編者◎拉吉夫・梅赫羅特拉 Rajiv Mehrotra

譯者◎鄧伯宸

開悟的境界並非什麼神靈附身，
而是心的本性全然展現其正面的潛能。
涅槃與佛性盡在其中。

——《達賴喇嘛說喜樂與開悟》

尊者第14世達賴喇嘛（丹增嘉措），身兼西藏國家元首與精神領袖。1935年7月6日生於西藏東北部安多（Amdo）地區的塔克澤（Taktser）。2歲時經確認為第13世達賴喇嘛的轉世。
圖：Luca Galuzzi - www.galuzzi.it，Wikimedia Commons

達賴喇嘛說喜樂與開悟

【目錄】本書總頁數共256頁

導言

達賴喇嘛（丹增嘉措）尊者普世責任基金會（The Foundation for Universal Responsibility of His Holiness The Dalai Lama［Tenzin Gyatso］）謹以欣喜、祝福、崇敬之情簡單為文，介紹尊者現身說法，闡述他自己對此一支離破碎、多災多難世界之所思、所言及所教。

丹增嘉措出身農家，自稱「區區一介比丘」，洞燭人心世事，了知苦痛之源，深悉喜樂之道，廣為世所景仰。而這一切，則是源自於持續不斷修持，深入人類史上最精微奧妙的精神法門有以致之。

對世界各地的佛教徒來說，他是信仰的化身，是人類至高的嚮往；對他們來說，他是一尊菩薩，甘願化身人形——承受不可避免的老病死之苦——只為了要教導並服務人類。

對六百多萬西藏人民來說，儘管有中國持續不斷的滅族威脅，達賴喇嘛卻代表了西藏未來的希望，終有一天，他們將重獲自由，在那兒復興古老的文明，將古代與現代融為一體，使他的願景成真。流亡的歲月中，他不斷宣揚佛法，並致力於西藏的民主化。一再強調，西藏並不是達賴喇嘛的未來，而是西藏內外所有西藏人民權利與自由的未來。今天的流亡政府，有一個民選的自主議會，一名總理，一個司法機構。他一再籲求退位，辭去了西藏運動目前的領導；但以他國際地位之崇隆及其對西藏人民的貢獻，在在說明了他仍然是眾望所歸。

對世間千千萬萬的人來說，他還是他們的「尊者」，熟悉他永遠的笑容，熟悉他慈悲、利他與平安的話語。

一如世上所有偉大的師表，達賴喇嘛的言教必落實於言行。七十多歲的人了，日常修行的功課不輟，每日清晨四時即起，持續好幾個鐘點。他仍然接受其他喇嘛的教導與開示。在他來說，覺醒無有際涯，無有登峰造極，無有瞬間頓悟。弟子雖然奉之為活佛，他卻從不以此自居，而是和佛陀一般，是一個「平凡」人，一如你我，經由修行，循序漸進，全都可以得樂離苦。

尊者尊重多元，認為每個人都是世上獨一無二的存在，各有其需求、出身與觀點。除了他自己的思想與言行，他鼓勵我們學習各家傳統，在學問與人格的成長上，要求我們走出自己的道路。對於師父或學說，他力主最嚴格的檢視，全心投入之前務求謹慎小心，最反對精神上的半調子，修行之路沒有捷徑……喜樂與開悟的追求沒有週末，沒有速成，沒有短線。過程與目的一體，投注其上的時間無他，便是不斷開展的當下。

達賴喇嘛力行中道，心懷眾生，早已經與廣大的世界合而為一，超越了他為西藏人民爭取權利的當急之務，以及身為當代偉大精神導師的地位。他以淵博的思想接觸各個民族與群體，與其他信仰展開真誠的對話，與科學家、政治家、學者、企業家及藝術家交換意見，如此一來，我們不僅能夠攜手同慶「分歧的整合」，而且能夠更深入瞭解如何與自己、彼此、世界及宇宙和諧相處。本書謹此邀請讀者展開一趟旅程，與這位始終如一的精神與宗教導師同行。

1

論快樂

On Happiness

人生有個根本的大問題——有的人或許用心想過，有的或許沒有——那就是：**生活的目的為何？**這個問題，我倒是思考過，十分願意把自己的心得跟大家分享，希望可以有些實質的幫助。

依我的看法，生活的目的就是快樂。打從出生的那一刻起，每個人要的都是快樂，不要的則是受苦。這是無論社會制約、教育或意識形態都影響不了的。就存有的核心來說，人之所欲，無非滿足。這整個宇宙，有無以數計的銀河、恆星及行星，是否有著更深層的意義，我說不上來，但說到底，很顯然地，人類生活在這個地球上，首要之務就是要讓自己過快樂的生活。因此，弄清楚什麼才能夠帶來最大程度的快樂是十分重要的。

首先，每一種快樂與痛苦都可以分成兩大類，心理的與生理的。二者當中，於多數人來說，又以心所作用的影響最大。若非病得極為嚴重，或基本需求極度匱乏，在我們的生活中，生理狀況所扮演的角色都是次要的。身體，只要得到了滿足，往往都不會注意到它的存在。然而，心卻不一樣，不管什麼事，無論多麼細微，心都不會放過。因此，最要努力的，就是要求得心的平安。

以我自己有限的經驗，我發現，愛與慈悲的開展能為內心帶來最大的平靜。愈是關心別人的福祉，自己的內心便愈充實。培養親切熱誠待人的態度，內心自會得到平安，可以消除恐懼或焦慮，產生力量應付任何困難，是使人生得以完滿的究竟本源。

活在世上一日，定會碰到問題。每逢這種時刻，難免失望喪志，失去面對困難的能力。但若換個角度想想，世間並非只有自己這樣，而是人人皆有苦受，思考此一更為真實的面向，便可增加自己克服困難的決心與勇氣，任何新的障礙都可以視為一次可貴的機會，鍛鍊心志，因此得以逐漸強化自己，更加慈悲，培養真正的悲心，幫助別人解脫苦痛。這樣一來，自己的平安與內在力量也將為之提升。

愛的需求

追根究柢，愛與慈悲之所以會帶來最大的快樂，無非是因為這兩者本來就是人的最真實本性。愛的需求是人類生存的根本，是人與人之間高度互賴的結果。任何人，不論其天賦與能力如何高超，任其單獨一人便無法存活。一個人，正值人生最興旺發達的時期，無論何等意氣風發，多麼獨立自足，一旦病倒，不論其為年少年老，就不得不有賴於他人照顧。

互賴者，自然之本質。不僅較為高等的生命形式，許多最為微小的昆蟲也都是社會性的存有，縱使沒有任何宗教、法律或教育這類體制，其生存無不是基於互為一體的本能認知，相互合作有以致之。即使是物質界的最細微層次，同樣也受互賴法則的支配。事實上，一切現象——無論其來自於海洋、雲霧或森林——其發生都是細微能量相互作用的結果。若無彼此恰到好處的互動，所有這一切都將瓦解崩潰。

正因為人類的生存有賴於他人的協助，所以，愛的需求乃是人類生存的根本。因此，人人都需要具備真正的責任感，真誠關懷他人的福祉。

生而為人，就必須認真思考人之所以為人。人並非造化所生。若僅止於造化的產物，那麼，單單造化本身就可以解除一切的痛苦，滿足所有的需求。正因為人類不僅止於物質所造，把一切的快樂都只放在外在的追求上，那就是不對的。相反地，應該要思考人的源起與本質，找出人之所以為人的道理，以及人生而為人的真正需求。

放下宇宙創造與演化的複雜問題不談，大家至少都同意，人都是父母所生。一般來說，懷孕的發生，除性慾之外，這中間還涉及父母想要擁有孩子的決定，而這個決定則是建立在責任與利他的基礎之上，亦即父母承諾照顧孩子，直至其可以自立為止。因此，從懷孕的那一刻起，父母的愛便直接參與了創造。更重要的是，從成長的最初期開始，孩子就完全依賴母親的照顧。根據科學家的研究，孕婦的心理狀態，無論其為平靜或不安，都會對腹中的孩子造成直接的生理影響。

出生的時候，愛的表達也很重要。孩子做的第一件事就是吸食母奶，很自然地想要貼近母親，而母親定然要心懷慈愛才能好好哺乳，若是生氣或不耐煩，乳汁便無法順利分泌。接下來，從出生到至少三或四歲，是大腦發展的關鍵時期，這時候，身體的親密接觸是孩子正常成長最重要的要素。孩子如果不抱不摟，不貼不親，發育就會受損，大腦無法健全成熟。

等到孩子逐漸長大，進了學校，孩子所需要的支持就要由老師來滿足。老師不僅傳授知識，還有責任教導孩子的生活，學生信任並尊敬老師，所學到的才會常記在心。對學生的整體福祉，若未能表現出真正的關心，所教是無法維持長久的。

今天，有許多孩子成長於不快樂的家庭。孩子小時候得不到愛，長大以後跟父母不親，也就很難去愛別人。這實在可悲。

同樣地，人若病了，住進醫院，碰到的醫師親切而富有人情，自能安心養病；醫師盡心盡力治病是做醫生的本分，醫術如何則另當別論。但換一個情形，醫師若是缺乏人情，態度冷淡，沒有耐心，偶爾還漫不經心，縱使醫術一流，診斷無誤，處方正確，還是不免令人擔心。不可避免地，病人的心情會使復原及痊癒的品質大不相同。

縱使在日常生活的平常談話中，言談親切，聽的人自然歡喜，回應起來也親切；整個談話就會變得愉快起來，即使談的只是小事瑣事亦然。但換個情況，言談若是冷淡嚴厲，就會令人覺得不自在，恨不得趕快結束談話。事情無論輕重，對人友善尊重，是讓自己愉快的關鍵。

最近在美國會見一群科學家，他們說，在他們的國家，心理疾病發生率約佔全民的百分之十二。一路討論下來，事情也就清楚了，沮喪的主因並不在於物質的缺乏，而在於得不到關愛。所以，在我寫的東西裡面，一向以來都強調，人打從一生下來，不論自己是否清楚意識到，天生就需要別人的關愛。即使關愛是來自於一隻動物，或平常以為的敵人，無論小孩或大人，很自然地都會受其吸引。

我認為，生下來就不需要愛，無人能夠。從這個角度看，人是無法單以物質來加以界定的，儘管有些現代思想學派有這樣的主張。任何物質客體——無論多美或多有價值——都無法使人感受到愛，因為，人的深層認同與真性情皆在於心這個主體。

慈悲

我有些朋友跟我說，愛與慈悲雖然很好，很了不起，但真正的關係並不大。他們說，對於我們這個世界，這一類的信念根本沒有什麼影響力，起不了什麼作用。他們聲稱，嗔怒與仇恨才是人性的主體，是它們在主導人心。這種說法，我不同意。

人類以目前的形式存在已經約十萬年，依我看，如果人心果真是由嗔怒與仇恨在主導，整個人口數定然會大幅減少，但時至今日，儘管戰爭不斷，人類的數量卻有增無已，從來沒有那麼多過。這清楚地告訴我，支配這個世界的，是愛與慈悲。

壞事情之所以會成為新聞，原因也在於此；慈悲憐憫慣見於日常生活，總被視為理所當然，因此，大體上都被忽略了。

關於慈悲，到目前為止，主要談的都是心理上的好處，但實際上，慈悲也有益於生理健康。根據我個人的經驗，心理的安定直接關係到生理的健康。無疑地，憤怒與焦慮會使人比較容易致病。心若寧靜且存正念，身體便不易為疾病所侵。

當然，同樣地，人皆有自私之心，而且那是會壓抑愛人之心的。只有寧靜心所帶來的快樂才是真實的，而又唯有慈悲心才能為心帶來這樣的平安，既然如此，要怎樣才能做到這一點呢？很顯然地，慈悲無論有多好，光用想是不夠的！定當要身體力行去培養，必須要在日常生活中的一切事情上轉化思想和行為才行。

首先，就是要明白慈悲的道理。有許多形式的慈悲心是混雜著慾望及執著的。譬如父母對孩子的愛，往往就與自己的感情需求有著強烈關係，因此，這種愛並非充分的慈悲。同樣地，在婚姻中，夫妻之愛——特別是一開始，雙方都不真正瞭解彼此的真性情時——也是執著的成分多於真愛。又由於私慾強烈，以致凡是自己所執愛的人都是好的，即使對方明明不好亦然。此外，人都有誇大的傾向，一點點的好就當成了不得的大事，因此，當一方的態度改變，另一方就失望，自己的態度也跟著改變。這說明了愛之發起，基於個人的需求多過於真正對別人的顧惜。

愛並非只是感情的回應，而是建立在理性上的堅定承諾。因此，真正的慈悲心並不會因另一方的負面行為而有所改變。

當然，培養這種慈悲絕非輕而易舉！首先，要這樣思考：人無論美醜、敵友，一如自己，終究都是人類，也和自己一樣，想要得到的是快樂，不要的是痛苦。進一步來說，其避苦趨樂的權利是與自己平等的。

在快樂的追求與取得上，一切眾生的權利一律平等，明白了這層道理，自然就會對其他眾生生起同理心與一體感。心一旦習慣了這種普世的利他主義，自會養成一種利他的責任感，亦即積極助人解除苦難之心。這種心無差別，是普施於一切眾生的。既然眾生感受苦樂一如你我，便沒有理由區分彼此，或在對方行為出現偏差時改變自己的關懷之情。

這裡要強調的是，只要付出耐心和時間，憑一己之力就可以養成這種慈悲。當然，私心之為物——因自以為「我」是獨立自存而生出的強烈執著——基本上是會壓抑慈悲的。事實上，也唯有拿掉了這種我執，才有可能生起真正的慈悲。但現在就開始去做，還是大有可為的。

慈悲的第一步

首先，就是要拿掉慈悲的最大障礙：嗔怒與仇恨。眾所周知，這兩樣都是極端強大的情緒，足可以把整個心完全壓倒。然而，它們也是可以控制的。但若不予管束，這些負面情緒就將形成災難，一發不可收拾，妨礙愛心的追求，斷絕快樂之路。

所以，不妨先來探討一下嗔怒到底有沒有價值。有時候碰到了困難的情況，心志覺得頹喪，嗔怒看來確有其用，似乎可以激發更多的能量、自信與決心。只不過在這上面，得要謹慎檢視自己的心理狀態才行。沒錯，嗔怒的確可以帶來意想不到的能量，但若探討這種能量的本質，將會發現它其實是盲目的，其結果是正面的還是負面的根本無法確定。之所以如此，關鍵在於嗔怒遮蔽了大腦最重要的部分：理性。因此，嗔怒的能量是不可靠的，足以引發一大堆破壞性的行為，造成不幸。此外，嗔怒如果暴增至極端，人就有如瘋狂，會做出害己也害人的事情。

但話又說回來，碰到有困難的情況要處理，大可以培養一種同樣有力量卻比較可以管制的能量。這種可以管制的能量，除了來自慈悲心外，也來自理性與耐心。而這些也正是嗔怒最有效的對治。不幸的是，許多人卻誤將這些特質視為軟弱的象徵。依我看，情形正好相反，它們才是內在力量真正的象徵。慈悲之為物，本質上是溫厚的、安詳的、柔和的，但卻力量十足。動輒失去耐心的人才是缺乏自信，沒有安全感的。因此，對我來說，發脾氣其實是軟弱的象徵。

所以說，問題剛發生時，不妨保持謙虛，態度要誠懇，設想結果會是公平的。當然，別人有可能佔你的便宜，如果始終維持低調，徒然助長了偏激的氣焰，立場就不妨強硬。但話又說回來，這樣做時，定要心懷慈悲，如果有必要表達自己的看法並採取強硬對策時，定不可憤怒以對或心懷惡意。

應當明白的是，縱使對方有意加害，到頭來，他們的傷害行為只會損及自己。為要制止自己存有報復的私心，就當喚醒自己，發願修習慈悲，擔起責任，幫助對方，使他們免於因自己的行為受苦。自己所採取的措施，如果是經過冷靜的選擇，其作用將更有效，更正確，也更有力。至於報復，由於嗔怒的能量是盲目的，反而很少得到效果。

朋友與敵人

我要再次強調，光是用想的，慈悲、理性與耐心是培養不起來的。必須要在困難發生時，動念修習它們才行。那麼，這一類的機會又是誰製造的呢？當然，絕不會是朋友，而是敵人。敵人者，製造最大麻煩的人。因此，如果真正想要學習，就要把敵人看成良師！既要心懷慈悲與愛，忍辱的修養便不可少，既要培養忍辱，則敵人亦不可少。因此，對敵人當心存感激，因為，最能幫助自己培養心之安止者，正是敵人！更何況，在日常生活中，無論公私，隨著環境的改變，敵人變成朋友，也是常有的事。

正因為憤怒與仇恨非常具有殺傷力，如果不鍛鍊自己的心，下功夫降低它們的負面力量，它們便會不斷製造困擾，破壞培養寧靜心的努力。嗔怒與仇恨才是真正的敵人。我們最該正視並擊敗的勢力，反而不是人生中那些偶爾才出現的「敵人」。

每一個人都想要朋友，那是天經地義。但我常常開玩笑說，如果真要是自私，便應該要格外地利他才對！對別人，應該要善加顧惜，關心他們的福祉，幫助他們，服務他們，交更多的朋友，給更多的微笑。結果呢？等到自己需要幫助時，自會發現到處都有援手！若是換個情形，別人的快樂，自己總不放在心上，長此以往，蒙受損失的便是自己。友誼難道會因為爭執、憤怒、嫉妒與激烈競爭產生？答案顯然是不。唯有關愛才會帶來真正的朋友。

在今天這個物質主義的社會，有錢有勢，似乎到處都是朋友。但其為朋友，並不是真的，人們只是迎合金錢與權勢而已。一旦財富與地位不再，自會發現，那些人連個影子都找不到。

麻煩的是，當世間事一切順心的時候，人就會自信滿滿，以為什麼事都可以自己搞定，不覺得需要朋友；但地位與健康一旦衰落，很快就會知道自己錯了。到時候才明白誰是真正有益誰是完全無用。因此，若要為那一刻預作準備，交真正的朋友，在自己遇到難處時會伸出援手，就必須先培養自己的利他心。

每當我這樣說，有的時候，儘管有人笑我，我還是交了更多的朋友。我喜歡笑。由於這一點，對於怎樣才能交更多的朋友，怎樣才能得到更多的笑——特別是真正的笑——我不免有些問題。因為，笑有許許多多種，諸如譏笑嘲笑、皮笑肉不笑，或禮貌性的笑。許多笑，給人的感覺並不舒服，有的時候，甚至讓人覺得疑慮或恐懼，難道不是嗎？但真正的笑確實會讓人精神為之一振，而且，我相信，那是人類所獨有的。既然有這種大家都想要的笑，我們就得要求自己，創造種種理由，讓這樣的笑得以出現。

慈悲與世界

最後，容我就此一短文的主題再稍作發揮，談得更廣泛一點：個人的快樂對整個人類社會的全面改善也可以提供深遠有力的貢獻。

由於全體人類對愛的需求都是相同的，因此，在任何情況下，對自己所遇到的人都會有情同手足的感覺。無論容貌、衣著與行為何等陌生，何等不同，在自己與他人之間其實並無重大的區別。本質既然相同，卻死守著外表的差異，豈不荒謬！

總之，人性本一，而此一小小的行星則是人類唯一的家園。人類若要保護此一共同的家園，則有賴於每個人都能體認普世的利他主義，也唯有這樣發心，才能消除使人相欺互虐的自私的動機。只要有著真誠開放的心，自然會自重自信，無須懼怕他人。

我相信，無論哪一個社會層面——家庭、族群、國家與國際——一個更快樂與更成功的世界，其關鍵就在於慈悲心的增長。無須宗教的虔誠，無須意識形態的信仰，唯一需要的，就只是每個人培養自己本有的良善人性而已。

遇到的每個人，都待之有如老友。唯其如此，我才感覺到真正的快樂。這，就是慈悲的修行。

2

佛教是什麼？

What Is Buddhism?

修佛，就是在心的負面力量與正面力量之間展開一場鬥爭。努力擊退負面的，培養並增強正面的。

心意識中正面力量與負面力量之間的鬥爭，其進展無法具體度量。開始能夠**確認心中的無明**（delusion）①時，諸如憤怒與嫉妒，那就表示有了變化。接下來需要瞭解的便是對治之道，而這方面的知識則來自於教法的聽聞。消除無明絕非輕而易舉，無法像外科手術那樣拿掉就算了，而是需要先認識它們，然後透過教法的修習逐漸予以減少，而後將之完全拔除。

教法提供擺脫無明的方法，亦即一條通往解脫諸苦、達到涅槃的道路。對於**法**（*Dharma*）②，亦即佛教的教法，理解愈深，導致痛苦的驕慢、嗔怒、貪婪及其他煩惱便愈將減弱。於日常生活中運用這些理解，經年累月，將逐漸使心得到轉化，儘管往往並非盡如人意，但心總是在變化當中。若能夠拿現在的心理狀態與讀過這類經書後做比較，如果發現有所改進，那也就是這些教法發揮了作用。

法（dharma），梵文的意思是「所持有者」。一切存有都是法，現象，指的是其所持或所有的實體或特質。一個宗教也是一個法，指的是它對人的約束或保護，使人免於災厄。在這裡，**法**指的是後一個定義。大體上來說，任何受到提升的身體、言語或心識行為都被視為是法，因

---

① 譯註：梵文*avidya*，指不能如實知見一切現象，所以造作顛倒之行，亦即一種闇昧事物，不通達真理，不能明白理解事相或道理的精神狀態。

② 譯註：原文為梵文，一般譯為「法」，佛典上用例極多，意義不一，主要有：任持自性、規範法則、對應六種感官意識的六境：色聲香味觸法，以及性質、屬性等，這裡取的則是釋迦牟尼的教法，亦即佛法僧三寶中的正法。

為，透過這類行為，使人受到保護與約束，得以免於一切災厄。修習這些行為就是修法。

佛陀

佛陀釋迦牟尼，約在二千五百年前生於印度。出生時為一國之王子。即使尚在孩提時期，智慧與慈悲便已成熟，明白人之所欲，皆在於趨樂避苦。

苦之為物，並非全是來自外在。其所牽涉的不只是飢荒與旱災這類問題而已。如果僅止於此，譬如儲存糧食，這類問題便可以獲得解決。但像生病、年老與死亡這類痛苦，卻是涉及存在本質的問題，即使改變外在環境也無法加以克服。更重要的是，人的內在有一未經馴服的心，最容易受到影響，往往因負面的念頭如猜疑與憤怒而備受折磨。只要心受到這類負面思想的擺布，縱使錦衣玉食，也無法解決問題。

為一切眾生而受慈悲之感召，釋迦牟尼佛觀照所有這些問題，思考自己的存在本質，發現人類皆在受苦，並且明白人之所以受此苦厄，全在於心處於未經調伏的狀態，佛陀明白，心之過於放逸，甚至往往使人夜裡無法成眠。面對這些困境，以其過人之智慧，不禁自問，難道沒有克服這些問題的方法嗎？

佛陀於是在心裡做了決定，明白在皇宮中過王子的生活絕非滅苦之道，那反而會是阻礙。因此，放棄了宮中一切的舒適，包括妻兒，開始無家的飄泊生涯。在追尋過程中，向許多上師請教，並傾聽教導，發現他們的教法雖有其作用，對於滅苦的問題卻無究竟的解決。

嚴格苦行六年，放棄身為王子所享有的一切，過著徹底禁慾的生活，強化自己的禪悟能力，終於在菩提樹（神聖的無花果樹）下克服重重障礙，達成開悟。接下來，便以自己的經驗與理解為基礎，開始說法，初轉法輪。

這裡所談的佛陀，並非一個生就成佛之人。其之開始，一如你我，也是一個普通人，眼中所見之苦，一如眾生所見之生、老、病、死，也和你我一樣，有著各種各樣的念頭與感受——快樂的感受與痛苦的感受，但終能夠在精神的道路上以超卓圓融的精神修行成就各種不同的境界，最後達成開悟。

有的時候，想到釋迦牟尼佛的一生，不安之感油然而生。佛陀的教法雖然可以從各種不同層面加以詮釋，但歷史所記，昭昭在目，釋迦牟尼佛可是經過六年苦修的。這一事實說明，心之轉化並不是光靠睡覺、打坐、享受安逸生活就能成事。想要開悟，唯有發憤用功，經過長時期的努力，才可望有成。

短時間內且未經努力，想要大徹大悟，絕不可能。即使是佛陀，身為眾生追隨的師表，都要經過苦思精修，誰又能夠指望單憑某種所謂的修行法門及打坐就能達到精神的最高境界呢？遍讀過去偉大精神導師的心路歷程，自會發現，其大徹大悟無不是歷經無數禪修、孤寂與修持才達成的。就他們來說，無有所謂的捷徑。

受苦的根源在於無明。無明非他，對「我」的誤解而已。眾生所受的一切苦痛，皆起於這種誤解或錯誤的認知。因此，佛陀捨棄一切錯誤觀點的慈悲，意思就是說，慈悲無他，利益眾生而已。為此，佛陀開示了各種層次的教法，使能免於錯誤的觀點與負面的想法。因此，只要遵循這些教法，瞭解正確的觀點並身體力行，自能夠滅除痛苦。

佛陀之所以能夠成就身、口、意的偉大特質，其主要動力就是慈悲。修行的本意亦然，幫助他人的願心而已。一旦了知他人一如自己，都只是想要得樂避苦，利他的願望便會在內心應運而生。這就好像有了一粒種子，再經由修持來加以保護並促其成長。佛陀的一切教法，基本上就是要培養這樣的心——利他心。

成佛之道建築在慈悲之上，亦即使他人得以解脫痛苦的願心之上。由此可知，他人的福祉重於自己的，若無他人的存在，便無自己的靈修，無有開悟的機會。我不敢說自己有多大的智慧或多深的領悟，但我謹記師長的慈悲與教誨，心繫一切眾生的福祉，故今分享於此。

法在西藏

有幸生而為一自在無礙的人類，此一珍貴的人生，僅此一回。縱使每個人都曾有過無數前世，但畢竟尚未妥善安頓此一人生。如今，有幸得此生命，身心功能完好，而又有心修習正法。這樣的生命乃屬殊勝。同樣地，正法亦屬殊勝，源遠流長，佛陀始傳於印度，再由印度諸上師一路傳遞下來。

在西藏，佛教修行的傳統逐漸繁榮興盛，至今猶盛。在雪鄉西藏，佛教修行之教法得到完整之保存。因此，結合眾力以期完成自身及其他一切有情眾生最殊勝的追求，於今尤為重要。

佛教直至西元八世紀才傳入西藏，但到了九世紀，卻為國王朗達瑪（King Lang-dar-ma）所禁。一如今日中國之所為，朗達瑪關閉了教法的中心——寺院，大肆迫害佛教，所幸偏遠地區仍能修習，傳統乃得以保存。

到了十一世紀，兩種修行法門之間出現莫衷一是的混亂，一是**顯宗**（*sutra*），亦即學佛修行之道，歷多世才能成就開悟；一是**怛特羅**（*tantra*），亦即一世即可修成開悟的密乘。十一世紀時，有印度比丘阿底峽（Atisha）出，擅於解經，並為護教而與教外學者論辯，聲名大噪。阿底峽整合數百年來發展的各家佛教思想及在家出家修行體系，並集其大成，是所有思想學派公認的權威大師。

藏傳佛教分為四派：寧瑪派（Nyingma）、薩迦派（Sakya）、格魯派（Geluk）及噶舉派（Kagyu）③。四派之中，若說某一派優於其他，那是不對的。因為各派所遵奉的都是釋迦牟尼佛；也都結合了顯宗與密乘。我個人便是四教俱修，各派皆遵。這樣做，並非擺個姿態以示公平，而是出於強烈的信念。身為達賴喇嘛，這也使我熟悉各門各派的教法，可以因應四方而來的信徒。若非如此，我將有如無臂之母，見有溺水的孩子，卻無法伸出援手。

一次，一個寧瑪派的行者來，問了一些修行的問題，我卻所知不足。雖然我大可以遣他去看一位上師，必可解決他的問題，但內心仍不

---

③譯註：寧瑪派（Nyingma）即紅教，薩迦派（Sakya）即花教，格魯派（Geluk）即黃教，噶舉派（Kagyu）即白教。

免沮喪，人家誠心而來，我卻令其失望而去。別人的願望超出自己的能力範圍，這種事雖然難免，但芸芸眾生的精神需求，總要盡一己之力予以滿足，這是十分要緊的事。因此，大家一定要做到四派教法俱修，並養成敬重各派傳統的態度。

此外，以為藏傳佛教優於其他佛教，那也是萬萬不可。在泰國、緬甸及斯里蘭卡，比丘誠心履行寺院戒律，但卻不同於西藏比丘，他們仍然沿襲二千五百年前佛陀與其弟子所奉行的托缽乞食。在泰國，我參加一場比丘的法會。天氣酷熱，烈日高懸，但按照傳統，必須赤足，我的雙腳竟為之灼傷。但見泰國比丘莊嚴行禮，動容不已。

時至今日，對於精神傳統或宗教事業，許多人僅看負面的一面，只看到宗教團體對人的利用與掠奪。但話又說回來，他們所見到的劣行，錯並不在宗教本身，而在於假此一傳統之名的人，譬如寺院或教會以精神的理由犧牲其他信徒，圖利自己。宗教中人如果行為不檢點，圈內每個人都受牽連。但若想要矯正團體的錯誤，卻又往往被誤解，認為是在攻擊整個傳統。

許多人總結說，宗教有害，無益於人，拒絕任何形式的信仰。又有些人，漠不關心精神需求，自安於世俗生活，享受物質的舒適，對宗教既不支持也不反對。但無論如何，所有這些人本能上卻都是趨樂避苦，無一例外。

佛教的修行卻反其道而行，並不逃避諸苦，而是正視諸苦，包括生之苦、老之苦、人生起落之苦、此生無常之苦，以及死亡之苦，深思熟慮諸苦，所以等到真正碰到時，都已經有所準備。當與死亡照面，明白大限已至，但並不表示不保護自己的身體。每遇生病，仍會就醫，與死亡對抗。但若死亡不可避免，佛教徒是有所準備的。

放下來生、解脫與無上智慧等問題不說，縱使在此生，思索正法與相信正法也有其實際的受用。在西藏，儘管中國有系統地打壓與迫害，西藏人民仍然不放棄希望及決心。我認為，那就是出於佛教徒的傳統。

中國當局對佛教的迫害，雖然不若朗達瑪九世紀時的那樣長久，但其程度猶有過之。正當朗達瑪毀佛滅法之際，阿底峽來到西藏，挽救了整個佛教的修習。如今，無論是否力所能及，挽救中國對佛教有系統迫害的責任，所有西藏子民都必須要一肩承擔起來。對整個世界來說，佛教是一項寶藏。佛法之教導與聽聞是對人類資產做出貢獻。就許多人來說，基於許多因素，或許無法馬上加以修習，但不妨將之記在心上，等到明年或五年、十年之後也還不遲，重要的是，心中不忘教法。

流亡的西藏人雖然飽受國破家亡的打擊，整體來說，仍然無礙於法的修習。無論居留於哪一個國家，從流亡的上師那兒，仍然可以領受佛陀的教法，知道如何為自己營造有益於禪修的環境。至少西元八世紀以來，西藏人對此已經習以為常。一九五〇年代中國入侵後留在西藏的人，經歷了巨大的身心痛苦，修習佛教受到懲罰，因此入獄甚至處死。

修習真理必須善用一切機會，不應等到自以為比較不忙的時候。這世界的活動有如池中的漣漪，一個消失，另一個又出現，永遠沒有止境。不到死亡，俗世的活動不止，所以在日常生活中定要找一個時間修法。在這個要緊的時刻——既擁有珍貴的人形，又認識了正法且相信正法——如果還不能修法，那麼，到了來世，等這些條件都不再具備了，再要來修那就難了。如今，既然得以認識這樣一個宏大的體系，其中達成開悟的方法一應俱全，如果還不讓法在生命中展現其影響，那就實在可惜了。

3

佛法的精髓

Essential Buddhist Teachings

四聖諦

二千五百年前，佛陀在覺悟後出道，開示的第一個教法就是四聖諦。

第一諦是受苦的真相，亦即快樂不停地成為過去。人所擁有的一切全都無常。總的來說，人以為真實的東西皆不恆常。無明、執著與嗔怒是一切苦厄的根源。因此，第二諦就是要理解此一受苦的原因。一旦苦的根源（無明）得以滅除，便達到苦受止息的狀態，亦即第三諦，也就是**涅槃**（*nirvana*）①。第四諦是說，有道路可以通往苦的止息。亦即為要在心中達成此一狀態，必須遵循的道路。

要理解四諦，則需要認識其所根植的另二諦，亦即相對諦與絕對諦。在相對諦的層次，此與彼，我與他……每一存有似乎都有其自身獨立的存在。但從絕對諦的觀點來看，每一物事與每一存有唯有與另一實存之實體互為依賴才得以存在。

從此一角度看，才知有究竟的存在，亦即無論任何物事皆非獨立存在，或本來就單獨存在。一切現象的這種究竟本質就叫作空，而這兩個不同的概念就是所謂現象的世俗諦與勝義諦。理解了一切現象真實本質的這兩種真相，便會明白一切現象皆是依賴其他條件而發生，其本身根本無法獨立存在。當某些條件聚集，現象便發生；如果合作的條件不再

---

① 譯註：梵文，有出離、解脫、無煩惱等意。從字根來說，帶有遠離煩惱狀態的意思。中文意譯有圓寂、滅度、寂滅、無為、解脫、自在、安樂、不生不滅等意。但圓寂一詞在日常中文中已被誤用，例如，常用於僧尼的去世，常被誤認等同於肉體死亡的同時精神或靈魂獲得永生或再生。

匯聚，或條件終止，現象便不存在。這就是現象生起與消失的過程。

在四聖諦的講解上，我就是依此而行，不以個人為著眼，而是以整個人類，亦即此一國際社會、此一人類社群來著眼。這，我就先來講第一諦，苦諦。苦有形形色色，但今天最可怕、最嚴重的就是戰爭。當今的世界情勢，不僅每個個人的生命有其危險，更是全地球居民的生命都陷於危險。

其次，探尋受苦的根源可以發現，其根源在於心，具體來說，就是在於心所②與煩惱，諸如執著與嗔怒，以及與嗔怒相關的不善，諸如嫉妒、憤怒、仇恨等等，這些其實才是諸苦的根源。當然，外在的武器也是，但武器本身並非問題根源，因為，應用這些武器的是人類，武器並不會自行運作，人類之所以運用武器，則是基於動機。而這些動機主要就是仇恨與執著，特別是仇恨。

這是心的不良善狀態。如果知足、喜樂或寧靜，就有內在的平安。如果沒有內在的或心的平安，外在的和平又如何可能？平安的心是不會朝人丟原子彈的；若要尋求和平，就要向心去尋求。既然打消了心的惡念，外在的武器就完全失去了作用。盡力約束一己之心，才是唯一可行之道。

再來，要談的是苦的止息。很明顯地，像嗔怒及嫉妒這些煩惱的止息，雖然到頭來都會消除，但那畢竟是未來才能做到的事。而預見未來卻是現在就可以去做的事情。清楚瞭解自己未來可能會發生的事，確實

②譯註：意思是心的所緣、所有，以及與心所相應而起的一切現象。

可以消除嗔怒這一類的煩惱。既要有效消除嗔怒，就得避免導致嗔怒的因素，諸如傲慢與嫉妒。要努力擺脫這些之外，還要養成不驕不慢不嫉不妒的氣度，才有可能落實這類煩惱的消滅。

苦的止息有其究竟之道，那就是慈悲。這方面包括仁心與熱誠的培養，換句話說，就是要培養服務與利他的起心動念。這才是止息苦的根本之道。至於培養慈悲，則一定要打破人與人之間種族、文化、外貌及不同傳統思想的區隔。放下這些區分，便能清楚覺知，無分東方人或西方人、信者或不信者，都具有同屬人類這一共同點，全都是人類，換句話說，是相同種類的存有。從此一認知出發，便生出兄弟之情、相互之愛，利他之心多於自利。所有這一切都極端要緊。雖然不易做到，但值得努力以赴。

至尊有言：「其為苦真實不虛，其為集真實不虛，其為滅真實不虛，其為道真實不虛。明其苦，斷其集，行其滅，養其道。苦既明，則無苦可明。集既斷，則無集可斷。滅既行，則無滅可行。道既養，則無道可養。」四聖諦的本質、必要作為，以及作為的效應，盡在其中。

八正道

道者，佛教徒生活方式之本質。照著去做，煩惱的種子隨之俱碎。正道確定的說法為**正見**、**正思維**、**正語**、**正業**、**正命**、**正精進**、**正念及正定**。其本質與作用如下：

• **正見**是禪修後透過分析與釐清之所見，**思索這是自己在禪定中對四聖諦的如實理解**。

• **正思維**是透過正理與正相檢驗自己已經了知的深層意義符合經文的意義，使其意涵可以為他人理解與明瞭。

• **正語**是利用教導、論辯與書寫，跳脫繁複冷僻的老套表述，將實相的本質告訴他人，使其確信這是正確的觀點，是純正的言說，無有欺罔等等。

• **正業**是純正的行為，使人相信自己的行為符合教義，與純正的德行一致。

• **正命**是使人確信自己的營生是正當的，不混雜不良善的生計惡果，不欺瞞哄騙，不巧言令色，諸如此類。

- **正精進**是反覆思慮已經明白的實相意涵，藉以對治禪修過程中應予揚棄的無明。
- **正念**是守住專注與內觀的對象，不使忘失，藉以對治妄想失念。
- **正定**是確立禪定不被昏亂與浮動所中斷，藉以對治窒礙，使能漸進提升道的品位。

基本戒律

戒律的訓練雖然有許多形式，但戒絕十惡則是其根本。十惡中，三屬身業，四屬口業，另三屬意業。

三身業是：

- **殺生**：
從殺害昆蟲到殺人。

- **偷盜**：
未經同意取別人財物，不論其價值如何，也不論是否親為或透過他人。

- **邪淫**：
不正當的性行為。

四口業是：

- **妄語**：

以口語或身語欺騙。

・**兩舌**：

挑撥離間，製造分歧，或加深裂痕。

・**惡口**：

辱罵他人。

・**綺語**：

受慾望支使，言不及義，花言巧語。

三意業是：

・**貪慾**：

據為己有的慾望，想得到他人之所有。

・嗔恚：

存心害人，無論輕重。

・邪見：

視真實之存在，諸如輪迴、因果或三寶（佛、法、修行群體）為不存在。

選擇師父

眾所周知，欲得正果，關鍵在於受教去障。既要所學有所進展，無論其為科技或經濟，或任何其他領域，都要預先做好準備。循著自己打好的基礎走去，幾乎可以確定，必能得到自己想要的結果。法的修持，其究竟目的既為開悟，便應慎重其事，妥善規劃自己的進程。因此，尋找一個合適的好師父非常重要。

為自己找一個精神上的導師，何等要緊，其人定要適任，至少要能溫柔敦厚，已經調伏其心，因為，之所以要接受他人為自己的精神導師，其目的無非就是要調伏自己的心。這也就是說，這位精神導師應該已經修持甚深，達成了悟。

在了悟的追求過程中，精神導師扮演關鍵角色，所以佛陀對其資格有著詳細規定。總的來說，一位勝任的精神導師，其人必須忠於自己的修持，並精通熟悉正法。因此，在師父弟子關係建立之前，審慎考察精神導師極為要緊。聽其開講宣教，絕對有其作用，這樣的接觸，對其教學能力可以提供第一手的經驗。在個人修持的評估上，則可以考察其生活方式。此外，也可以向認識的人探聽。這也不失為另一條途徑。

如此這般，等到自己有了信心，便應全心接納。一旦接納，很要緊的是，定要尊師重道，服膺教導。但同樣重要的是，尊敬與服膺不可盲目。相反地，務要多方請益。經上有言，佛陀曾說，精神導師的教導若是良善，弟子自當服膺，但若要求無理，便可不加理會。有關戒律的經文也是同樣說法，師父所言若不合於正法，便不應接受。

師父的教導是否可以接受，主要的標準端在於是否合乎佛教徒的基本原則。若是，自當誠心服膺。這樣的教法自會產生正面結果。但師父的教導若牴觸佛教徒的原則，便應再三琢磨，設法釐清。舉例來說，受戒之人叫令飲酒，便是有違誡命。若如此，除非師父有特別的理由，不受師命才是上策。

總之，身為精神導師，在德行、禪修及智慧三方面，皆當修為深厚。反過來說，這又需要在這三個方面都有所了悟，也才足以見其在經典上的學養。身為精神導師，要能去疑解惑，言行舉止無違內心了悟，表裡一致。俗話有言，虎之斑紋可見，但人心難測，觀其言察其行，可知其人。

對精神導師的信心一旦確立，重要的是，關係不可輕易中斷。那麼，對這樣的一個人當如何相待呢？

關於這一點，不妨這樣設想：**諸佛無不主動造福有情眾生，既然自己有心尋求解脫，宜應有一中介，藉此可使自己得以接受諸佛的啟發與祝福。**精神導師帶來心的轉化，這就是精神導師的角色。

4

業報法則

The Law of Karma

今有一金色之軛漂浮於汪洋之上。有一盲眼烏龜游於汪洋深處，每一百年浮上水面換氣一次。試問，烏龜浮上水面，頭鑽入軛孔的機率有多小？佛陀說，得以轉世為人極其難得，其機率甚至更小。

這寓言是指，即使是神仙都羨慕人類的存在，因為，那是修持正法的最佳存在形式。於今，在這世界上約有五十億人，全都屬於人類——彼此的雙手、頭腦、四肢及身體，幾乎全都一樣。但人類修法的機會是否全都一樣呢？仔細考察一下，就會發現大不相同。生而為人，有的人得以免於無法可修的不利環境——所謂不利環境，譬如因妄見而轉世輪迴，落入了畜生道、餓鬼道或地獄道——又或有如神仙，樂在天上享福，或雖生而為人卻難以聽聞佛法，又或生於一個沒有佛法的地方。還有一種不利環境：生於蠻荒之地，光是求生的念頭就耗盡了一個人的全部資源，或生在一個時代，當時還沒有佛的出現。

從正面看，我們生來就擁有許多讓自己能夠修法的資源。譬如說生而為人，而且是生在一個有佛法可以回應的世界。我們沒有犯下罪大惡極之罪，且對佛法有著某種程度的信心。雖然未能在佛陀活著的時代轉世，卻有精神導師可以追隨，得以接受他們的教導，上溯直達佛陀的教法。佛法仍然穩定興盛，因為有人修行不斷。更何況，我們活在一個時代，有善心人士提供比丘及比丘尼必要的修行物資，如食糧、衣物及居所。

有說，釋迦牟尼佛的經論將存留五千年。換句話說，如果是在那以後才轉世為人，也就無緣佛法了。而我們卻是在一個佛光照耀的世代生於這個世界，仍得以親近佛陀的經論。此生若要將心轉化，便應發下大願，充分利用自己生而為人的大好機會。

說到這裡，既然生而為人，且又有食、有衣、有居，若只是繼續抱持同樣的態度，僅僅是為活著而吃，於生命又有什麼意義呢？生而得有一個人的形狀，雖然極其可貴，但那本身卻又不是一件值得驕傲的事。在這個星球上，有無數其他形式的生命，但只有人類最耽溺於破壞殺戮。人類正在危害這個星球上的一切生命。

但若讓慈悲心與利他心引導自己的人生，便能夠立下大成就，其他生命形式做不到的大成就。如果能夠以正面的態度運用此一可貴的人形，必將有利於長遠，如此擁有人的存在才是真正的可貴。但話又說回來，如果濫用人類的天賦——大腦的能力——對人進行荼毒、掠奪、迫害，那麼，人的存在便會危及自己未來的存在，以及當下就對他人形成威脅。人的存在，如果用之於破壞，則一切所知之物均將不存。反之，則有可能成為佛的根源。

因與果

生而為人，因自己的無明及其所引發的行為而陷入苦的輪迴，這就是所謂的**業報**（*karma*）。由於行為與感受之間存在著因果關係，人生才有種種起伏，才有煩惱與迷惑。完全免於過去所有作為的重負，免於貪、嗔、癡的綑綁束縛，就是所謂的解脫，亦即**涅槃**。一旦了悟心本清淨，能夠消除無明與業報，徹底的平安隨之而來，得以跳脫苦的輪迴。

如若能夠做善事，譬如放生瀕臨死亡威脅的動物，便可以累積轉世做人的條件。若誠心修法，也將能夠於來世繼續一己的心性修持。然而，此生雖然可貴卻也無常，因此，抓緊機會修行極為重要。因為，機會能維持多久，誰也不知。

今日之所做，按照業報的法則——亦即因果律——是造未來之果。未來取決於今日之心態，但今日之心態卻被無明所驅使。所以，定要興起成就開悟。若此生做不到開悟，便應追求輪迴的解脫。如果還是不成，至少要為來世的轉世種下有利的種子，避免墮入低層次的存在領域。生逢此一幸運的交口，得以無礙聽法修法，實不當錯失此一罕有的機會。

將業報理解為因果，與物理學家對作用力必有一相等反作用力的理解非常類似。如同物理學，作用力會以什麼形式發生是無法預測的，但有的時候，反作用力可以預知，所以可設法使之緩和。

今天，科學努力想要清除受到汙染的環境，更多的科學家則是要避免進一步的汙染。同樣地，人的來生取決於今天的作為，以及不久前的過去與前世。修法就是要化解業——行為或所做——的果，避免負面思想與行為的進一步汙染。若不如此，這些負面的思想與行為就會使人墮入極大痛苦的輪迴轉世。人遲早會死，遲早都要轉世。會在哪一個層次轉世，兩個層次而已：有利的與不利的。至於何時轉世則取決於業報。

心識與輪迴

業之生，起於動念，起於人，起於眾生。眾生非他，無非就是那個活在心識相續狀態中的我而已。心識（consciousness）①的本質清明澄淨。心識初起，才有覺知動能，心識是一切的因。心識的相續狀態不會在一生之中耗盡，若明白這個道理，便知死後之生的可能性在邏輯上是說得通的。若有人不信所謂的心是相續狀態，至少也知道，並沒有任何證據可以否證死後之生。換言之，雖不能證明其有，卻也無法證明其無。

清楚記得前世的例子極多，而且並不限於佛教徒。有的人，父母並不相信死後之生或前世，自己卻有著這一類的記憶。我就知道三個個案，都是小孩子，都能清楚記得自己的前世。其中一個對前世的記憶歷歷在目，儘管父母原來不信死後之生，由於孩子的記憶實在太清晰，到頭來也相信了。孩子不僅清楚記得自己住在一個鄰近的村莊，而且能夠加以指認，並指認了她前世的父母，那卻是她無論如何都不可能認識的。

如果沒有死後之生，亦即沒有前世，那這些記憶就得別有解釋才行。另外也有許多別的情形，父母有兩個孩子，以同樣的方式教養長大，出生背景完全一樣，但一個卻較另一個成功。我們以為，之所以有這種差別，乃是過去所造之業不同的結果。

死亡無非是心識與肉體的分離。如果不接受此一所謂心識的現象，依我看，也就很難確切地說明生命了。當心識與身體聚合，兩者的關係

①譯註：佛教的心識觀念主要包括三個部分，亦即心、意、識。心，梵文*citta*，是一般意識或精神的總稱，既是積集各種意識或精神作用的精神自體，也是積集各類種子而產生諸法的根本。意，梵文manas，音譯「末那」，指能起完成認識過程的作用，是可以起認識的「思量」作用。識，梵文vijnana，指對事物或外境的認識、識別或了別等。

持續存在時，便是所謂的生命；而當心識終止其與一個特定身體的關係時，則是所謂的死亡。身體雖然是化學與物理成分的集合，但有一種微妙的動能，純粹清朗，構成眾生的生命。由於這種動能並非物質，所以無法量化，但並不能因此就說它不存在。對於外在世界的探討，人類投注了大量的時間和精神做研究，現在，如果換個路徑與方向，用同樣的探討、研究與精神向內去分析，相信一定能揭開心識——此一內在澄明清朗的實在——的本質之祕。

按照佛教的說法，心識是一種無障無礙的非物質，一切情緒，一切煩惱，一切人類的毛病，全都起於心識之動。但也因為這樣的本性，人也可以用之消除所有這些毛病與煩惱，帶來持久的平安與喜樂。由於心識是存在與開悟的根本，有關這方面的著作非常廣泛。

從經驗便可以知道，心識或心是變動不居的，這也就是說，心識之動繫於會改變、轉化及影響它的因素與條件。心識若要生起，定有一具體因素與心識的本體相呼應。若沒有之前的瞬間，心識不會生起。心識不生於無，也不會化為無。物質無法轉成心識。因此，應該要能夠往回追溯心識的瞬間成因才行。

佛經說，有千百億個世界體系——無以數計的世界體系——心識自無始以來就一直存在。我相信有其他世界存在。現代天文學也說，有許多不同形式的世界存在。儘管科學還沒有在其他行星上觀察到生命，但若斷然說只有在這個太陽系的這個行星上生命才屬可能，在別的行星都不可能，那其實是說不通的。佛經就提到過其他世界體系的生命，也講到不同形式的太陽系及無以數計的宇宙。

今天，如果有人問科學家，宇宙是如何生成的，答案很多，但若問到為什麼會變成今天這個樣子，他們就無言以對了。一般來說，他們不會說是上帝創造的，因為他們是客觀的觀察者，往往只相信物質的宇宙。有的會說，那是成之於偶然。但此說顯然不通，如果一切存在皆出於偶然，那就等於說一切皆成於無因。但光是從日常生活上觀察，便可以知道，每一事皆有其成因：雲造成雨，風吹送種子四散，所以有新的植物生長。總之，無一物沒有成因。

世界之所以演變成今天的樣子定然有其成因，這可以有兩種解釋。其一，接受宇宙是由上帝創造的說法。若接受此說，這裡面卻會有許多矛盾，譬如說，受苦之必然與邪惡也都是出於上帝的創造。另一個解釋則是，無以數計的有情眾生，其業行聚集，造就整個世界成為自己的環境。這也就是說，我們所居住的世界是我們自己的慾望與行為所形成的。世界之所以如此，成因在此。這，在邏輯上至少是說得通的。

人死的時候，所造之業便一擁而上。負面的業，其結果便是輪迴到較低下的層次。若要警惕自己遠離負面行為，便應設想自己是否能夠承受較低層次所受之苦。明白快樂乃是正面行為的結果，自會欣然累積善行。

將心比心，設身處地為他人著想，自能培養強烈的慈悲心，因為如此一來，便會瞭解他人之苦其實無異於自己之苦，每個人都希望得到了脫。

重要的是，也要觀想畜生與地獄之苦。自己若在精神上不求精進，負面行為將會把自己也帶到那裡。若知自己難以承受烈火、苦寒或焦渴之苦，修行的動機便會無量增長。當此之際，生而為人，便是使自己得有機會與條件拯救自己。

業的果報

業的果報明確：負面行為永遠帶來痛苦，正面行為永遠帶來快樂。人若行善，會得到快樂，若行惡，自己受苦。所造之業會跟著人走好幾世，有些人胡作非為，在俗世卻一帆風順，有些人老實修行卻常遇坎坷，其道理在此。造業不止於一世，所以總有無數果報如影隨行。

果報的可能性隨時間增加。小小一粒種子有可能結出巨大果實。內心的因素與效應也一樣：即使是小小的動作也能帶來重大的結果，無分正面的或負面的。舉例來說，一個小男孩有一次獻給佛陀一把沙子，滿心以為那是黃金。到了下一世，男孩轉世成為佛教的明君阿舒迦（Ashoka）②。從最小的正面行為可以帶來最大快樂的果報，同樣地，最小的負面行為可以帶來非常劇烈的痛苦。相較於單純的自然因，譬如一粒蘋果種子，業力在心識之流中增長，其效應巨大得多。一如水滴可以裝滿巨大的容器，同樣地，即使是最小的動作，只要不斷，也可以把有情眾生的心識塞得滿滿的。

人生在世，有千千萬萬種的差異。有的人一生順利，有的人一生坎坷。有的人過得幸福；有的人活得平安自在。有的人，總是倒大楣，令

② 譯註：即阿育王，約紀元前三〇四至二三二年，印度孔雀王朝第三代君主，後世稱為佛教護法。

人不解。有的人，大家都以為會倒楣卻沒事。所有這些都說明一個事實，並不是每件事情自己都能掌握。有的時候，下定決心要努力做一件事情，成功所需要的條件都具備了，但到頭來還是八字差一撇。有的人似乎運氣好，有的人運氣差，但這之外，運氣必定有個理由，是有原因的。

按照佛教的說法，這都是一個人前世或此生早先所作所為的結果。當業種成熟時，縱使面對不利的環境，努力也不會白費。但在某些情況，縱使萬事俱備，一切條件俱足，結果還是失敗。

西藏人做了好久的難民，吃了許多的苦，但相對來說還是幸運的、順利的。在西藏，中國想要所有的人一律平等，成立公社，限制私有財產。但即使是同在公社裡面，有的人蔬菜還是長得比較好，牛奶也比較多。這表示，個人的功德不同，差異是很大的。有人善行成熟了，縱使當局把財產都沒收，但由於功德的力量，業的力量，其結果還是成功的。

如果老實行善，諸如不殺生、放生、忍辱，只要持之以恆，於未來及來生都有益處；但若放肆行負面行為，未來必將得著果報。若不信業的法則，那也就只有隨他去了。

正面行為還是負面行為，取決於一己之動機。只要動機是好的，一切作為就都是正面的；動機若是不好，一切行為便都是負面的。業行有許多不同的形式。有的是全善的，有的是全惡，有的是善惡參雜。如果動機純正，縱使行為本身表現暴力，還是會帶來快樂。但話又說回來，動機若是壞的，不正當的，縱使行為看似有利而且正面，實際上還是負面行為。這完全取決於心。心若是調伏的、規矩的，一切行為便都是正面的；心若是不調伏的，動輒放任貪慾與仇恨作祟，行為縱使看似正面，實際上卻是在累積惡業。

世間若是相信業的法則的人佔多數，可能連警察或監獄都不必要了。但若人的內在不信業報，外在的人縱使用盡一切手段執法，也無法帶來一個平安的社會。在今天這個現代社會，監視犯罪偵查違法，什麼樣新奇精密的設備都有，但罪犯卻更狡猾、更囂張。如果想要今天的人類社會變得更好，光是加強外在的法律是不夠的，一定要有內在的制止力量才行。

內在敵人

無明是轉世輪迴的主因。若沒有無明，業便有如燒焦的種子，沒有力量再造成轉世。找到對治無明的方法格外重要，而這又取決於是否能夠認清無明，所以，定當要明白無明一般的與個別的特性。第一世達賴喇嘛說得好，要調伏內在的敵人，那就是無明。外在的敵人或許極端可怕，但到了來生，卻可能變成朋友。即使是現在，也是在提供機會，讓人得以修習忍辱與慈悲，因為眾生畢竟相同，全都是趨樂避苦的。但內在的敵人，無明這個敵人，卻一無是處，唯一該做的，就是與之對抗，將之摧毀。因此，定要明白認清這個敵人，瞭解其運作。任何破壞心理平安，帶來心理動盪，陷心於紛擾、折磨、苦惱的心理狀態就是所謂的無明。

這裡且來認識幾個主要的無明：

——第一個就是**貪**，對於人、事或感受，一種必欲取之的強烈貪愛。貪慾非常難以對付，不易驅除，就好像心被釘死在一個對象上。

——另一個無明是**嗔**。人一發怒，心就失去平衡，立刻形諸於色：臉紅脖子粗，甚至眼目發赤，無論暴跳如雷或死氣沉沉，總惹人嫌厭，不受歡迎。嗔之為物，是心之未經調伏的狀態，欠缺修養，有待調教。

——另一無明，**慢**，是一種對自己的身分、地位與學問自負的心理狀態，其根源是自我本位的心態。無論有成就與否，自己覺得了不起。傲慢之人，目中無人，自高自大。

——再來是**癡**，也就是不理解四聖諦、業報法則等等道理。在這裡，癡指的是一種心理因素，完全無知於三寶（佛、法、修行社群）及業報法則的本質。

——**疑**的無明則是對四聖諦及業報法則將信將疑，搖擺不定。

西藏佛教一代宗師宗喀巴（1375-1419）說，輪迴轉世的各個層次，從至高的存在至最低下的地獄，其本質都是苦。這些苦都不是沒有原因的，也不是某種至高的上帝所造，全都是自己的無明與業行的產物，其根源則是未經調伏的心。

一切苦的根本原因是無知，亦即不明白現象的本質，並自以為自己是自足獨立的存在。這種無知使人高估了現象的重要性，以致造成人我之分。如此一來，又生起了貪慾與嗔怒的覺受，而這其實就是導致形形色色負面行為的癥結，由此也就帶來了眾皆不願的一切苦。既然大家都不願受苦，便應做個決定，是否可能將諸苦一舉拔除。因為無知，對於「我」產生了誤解，既然是錯誤的認知，那麼，只要改正錯誤便能予以消除。要做到這一點，就要在心裡培養智慧，了知一種完全相反的心態，亦即一種了悟本來無我的智慧。

比較這兩種心態——一是相信本來有我，另一是相信本來無我——有我的理解，開始時會佔上風，會非常強烈，非常有力量。但那畢竟是錯誤的認知，邏輯上是站不住腳的。另外一種心態，無我的理解，開始的階段或許難成氣候，但有邏輯的支撐，這種了知無我的智慧遲早會佔上風。真相在開始的階段或許不是非常清楚，但隨著逐步與之接近，愈來愈不證自明。在開始的階段，錯誤的認知似乎牢不可破，但到最後，隨著更深入的探索，自會不堪一擊，終至冰消瓦解。

既然明白輪迴的本質是苦，便應發下宏願了脫輪迴。既然發下了宏願，便應從三學著手，亦即戒學、定學與慧學。三者之中，可以滅除無明的，是了知無我的智慧。但為要了知無我，卻先要使心安住，以之做為基礎，而這方面卻又有賴於戒律的嚴格遵守。因此，守戒也是必要的。在初期階段，戒律的修持是第一要務，是當務之急。

宗喀巴說，正念與內觀是整個正法的基礎。若要嚴守戒律就需要具備內觀與正念的修持。對初入門的修行者來說，守戒——戒除負面行為——是踏上開悟之道的修行基石。如果不考慮實際的需求，譬如守戒，卻去追求比較複雜的修行，修行便流於華而不實，無法真正落實。修習三學——戒、定、慧——不僅是要成就自己的解脫，也在於成就其他的有情眾生。

輪迴

有人或許會問，**既然輪迴之悲慘才是真正的痛苦，那麼，什麼又是輪迴呢？**

依所住之境界不同，輪迴分成三種形式，亦即**慾界**、**色界**與**無色界**。在慾界，眾生攀緣帶有「五慾」——色、聲、香、味、觸——屬性之物事，樂在其中。色界則有兩個部分：在下層部分，眾生不耽於外在享樂，卻耽於內在觀想之樂；在上層部分，眾生已經徹底出離愉悅之情，修持無想意識。在無色界，一切形、聲、香、味、觸之物事，以及與之相應的五識全都止息，所餘唯有心，安住無想意識，不於法外起心動念。

有情眾生在輪迴中流轉，有六種不同的形式：**神**、**半神**、**人**、**畜生**、**餓鬼**、**地獄之民**③。神，包括色界與無色界的眾生，以及慾界的六種神。半神，類似神，但任性不受管束。人，是住在四「洲」等世界之有情。餓鬼，是形形色色嚴重缺乏飲食的眾生。畜生，散布於海洋與地表的種種動物。地獄之民，則是受各自前業支配天生雜色異形之人。

③譯註：傳統譯為「天道、修羅道、人間道、畜生道、餓鬼道、地獄道」。

輪迴的根本意義指的是一個過程，其行進非一己所能控制，完全取決於不潔行為與致苦因素。其本質為悲慘，其作用則是為受苦提供一個根據，並鋪陳未來所受之苦。事實上，輪迴就是受不潔行為與致苦因素所綑縛的心身聚集。因為，三界之中，無不為輪迴所覆，凡心身聚集之一切眾生皆入輪迴。

什麼又是輪迴的根源呢？受苦的來源有二：不潔行為與致苦因素。致苦因素被認為是無所不在的心理因子，其本身並不列在六識之內（眼、耳、鼻、舌、身、意）。但任何致苦的心理因子一旦發作起來，一種主要的心（意識）便會受其影響，讓致苦因素牽著走，並「累積」不善行。

致苦因素有許多不同種類，但其中主要的是貪慾與怨恨。只要我執之念一起，碰到有自己不願意的事情發生，怨恨便隨之生起。此外，我執作祟，自以為自己最了不起的慢心也會生起，同樣地，由於某方面的無知，因此也會生起否定這方面知識的妄見。

我執及其種種怎麼會生出那樣巨大的力量呢？在天地洪荒未始的情況，心所能抓的唯有「我」而已，連作夢都緊緊抓住不放，由於此一觀念作祟，我執及其種種便發生。此一錯誤的「我」觀之所以生起，是因為不理解事物存在的模式。一切事物本來皆空的實相並不容易理解，以致認為一切本來存在，強烈的「我」觀便生起。因此，一切現象本來存在的觀念，其為無知，正是一切致苦因素的終極根源。

行為的種類

從本質上來看，行為有兩種：**意作**與**行作**（intentional and operational）。意作發生於身業或口業造作之前，是為行動提供驅動力的心理因子。行作則是發生在行為進行之中。

從行為所導致的結果來看，行為則有三種：善行、不善行與常行。善行致人於好的轉世，亦即轉世為人、半神及神。不善行致人於壞的轉世，亦即轉世為畜生、餓鬼及地獄之民。常行致人上升至更高的境界，亦即色界與無色界。

所有這些行為又可以分成身業、口業與意業。此外，從所經歷的結果來看，也可以分成三種，亦即今世所「累積」的造作結果，有今世就會經歷的（現世報）、有來世才會經歷的（來世報），以及來世以外任何世都會經歷的（萬世報）。

如上所述，輪迴的原因是不潔行為與致苦因素。若將致苦因素此一根源予以滅除，新的行為不復「累積」，便不會再有致苦因素增強過去以來不潔行為所形成的傾向，如此一來，輪迴的原因也就隨之消失。

至此，便可自綑縛之中得到解脫。有人說，只要心身聚合仍然餘留之前不潔行為與致苦因素的造作，就只能得到有餘涅槃。但所有這些若一無餘留，便可得無餘涅槃。「無餘涅槃」指的是不再有不潔行為與致苦因素所造作的心身聚合，但心識的相續狀態與不潔的心身聚合仍然存在。

去除了原因，不潔的聚合終止，並因此將之全數擺脫，其所生之苦痛便也為之滅盡。這樣的解脫有兩種：一是僅止於苦痛及其根源滅盡的解脫；一是大解脫，無可超越的解脫，佛的境界。前者滅盡一切致苦因素所形成之障（使輪迴無法得以解脫之障），但並未滅盡妨礙直接認知一切實相之障。後者則是究竟解脫，致苦因素與妨礙究竟知的一切障一併得以滅盡。

三皈依

什麼方法可以使心即修行，修行即心？首先當皈依，並思維其行動與結果。皈依者，皈依**三寶：佛、法與修行群體**。有情眾生潔淨了心的汙染及其潛伏的習性，了脫一切罣礙所形成之障，因此，得以直接了悟一切現象。這樣的有情眾生，就是所謂的佛，是一個可以提供庇護的老師，是一個醫師。**法（正法）**，是無上之道——是去除汙染及其潛伏習性的首要正道——而清淨則是將一切所當滅盡者予以滅盡之後的狀態。法是真正的庇護，有如藥物。**修行群體**是一切人等，無論在家或出家，於自己的流轉中修成無上正道者，是助人得到庇護的朋友，有如護士。

5
心的轉化
Transforming the Mind

所有的宗教，原則上，都是要幫助人類變得更完美、更純淨、更精進。某些宗教的修行以誦經為主，有的力主苦行，佛教的修行則在於修心，在於心的轉化。關於這一方面，可以換個方式來看。相較於身體與嘴巴的活動，心的活動更加細微也更難以控制。行為與言詞比較明白易懂，學起來比較容易，修起來也就沒有那麼困難。就這一點來說，精神上的追求因為牽涉到心的活動，細緻得多，因此也比較難以達成。

根本上來說，一定要先瞭解佛教真正的取向。喜歡佛教的人頗有增加的趨勢，這固然可喜，但更重要的是，要先明白佛教到底是什麼。如果不瞭解佛教教義的根本價值與取向，任何保存、復興或傳播佛教的用心都有可能偏離正道。正法的經文與闡釋並不是什麼具體的東西。所作所為定要出於正確的理解，光是建立佛寺、念誦佛經並不一定就是在修行正法。關鍵在於，正法的修行全都是心的作用。

有人以為，只要換件衣裳，念佛拜佛，正法的修行便盡在其中，那可就大錯特錯了。我的意思是說，縱使是在禮佛拜佛或繞寺而行，我們心中卻有百般的念頭生起。

覺得生活無聊，白日漫漫，到寺裡走走固然可喜，若再找個健談的朋友一道，時間就更好打發了。這樣走上一趟或許愜意，但真正說起來，卻算不上是修行正法。甚至有的時候，即使做的是修行正法的事，實際上卻是在製造惡業。譬如說，有一人雖在繞寺而行，心裡卻在盤算如何欺騙別人，設計如何報復對頭，心裡想的是：**如此這般，誘他上鉤，如此這般，給他好看，如此這般，對他下手**。同樣地，口裡念佛，心裡卻滿是惡毒的念頭，這也是有的。因此，行為與言詞看似修行正法，實際上卻可能是欺瞞虛偽。

正法的作用

正法修行無非是要調伏其心。但要怎樣才能做到呢？

譬如說，碰到這樣的情況：對某人滿懷怨憤，恨不得給他吃上一頓苦頭。這時候，一個真正的正法修行者便會理性地思考這個問題，會想到怨憤的種種害處，會想到啟動慈悲心的正面效應，會將心比心反過來想，自己怨憤的對象豈不也和自己一樣，心裡企求的無非是離苦得樂。如此一來，傷害他，自己又怎麼會覺得安心呢？

一個真正的正法修行者會反求諸己：「身為佛弟子，晨起，開眼即誦經，尋求平安，培養菩提心，自己做過承諾，自己是要服事有情眾生的，這會兒卻這樣的狠心，這樣的不理性，如何配稱佛弟子呢？動輒悖離諸佛，又哪裡還有顏面去面對他們呢？」

這樣一想，心中的戾氣與嗔恨自然化解。只要將心比心，想到自己對人滿懷怨憤實在大不應該，又想到對方本應該是要受到親切善意對待的，溫柔敦厚之念乃生。如此一來，心便得到真正的轉化。這才是正法的本意。對同樣的一個人，之前的負面念頭盡除，取而代之的是正面的想法，是慈悲的念頭。

這樣的巨大轉變不可小覷，是一次意義重大的飛躍。正法修行的真正本意在此，但卻非一蹴可幾。

善念生起，力量極大，同一時間，任何負面的想法便都起不了作用。喜樂與善念一旦啟動，看似負面的行為也會產生正面的結果。譬如，一般來說，說謊是負面的，但若出於慈悲及理性思考，是為別人好，謊言也會轉化成為善果。

在大乘佛教裡面，菩薩者，發願成佛或覺悟以利益他人之人。菩提心的利他思想，其根本就是菩薩所修的慈悲心。因此，在某種情況下，即使是負面的行為或言詞，於菩薩卻是容許的。一般來說，這類妄行妄語都會帶來不樂見的果報，但起心動念若是良善，換個時空卻是極大的功德。

佛教的基本關切之所以在於心，這是部分原因。行為與言詞都屬其次。因此，任何精神修行的品位或純度皆取決於個人的動機與意向。

煩惱

煩惱（disturbing emotions）①最是刁鑽頑強。今有一人，一旦受到煩惱的擺布，便儼然登上了王座，而為無明所役。若什麼都聽他的，他得意起來便一發不可收拾。煩惱之來，便是如此，其效應非常驚人。煩惱一起，縱使是大師，也會為了要多收幾個弟子而與人結怨。在這種情況下，執著與嗔恨便會隨之俱來。

幸運的是，有一種力量可以對治煩惱。那，就是**智慧**。若善用分析

---

①譯註：梵文 *kleshas*，指的是一般俗事煩惱之外，心中所有會帶來痛苦的負面情緒及其帶來的不良影響，包括煩躁、憂鬱、焦慮、不安、嫉妒、期待、憤怒、悲傷等。

與檢驗，智慧便會更加清明敏銳，力量強大而持久。另一方面，縱使刁鑽如無明，也難逃分析之破解，將之置於理性的檢驗之下，便不攻自破。明白這個道理，在處理煩惱所衍生的問題時就能產生信心，若再用心研究思考，對智慧得到有效的理解，便可以明白，嗔恨與執著這類煩惱其實都是心的產物，它們一旦出現，心便以為是真實。

心之為物，極其活躍、旺盛、靈巧，把存在想像為真實，和它密不可分的則是自我的本位意識，也是同樣的強悍任性。長久以來，人一直受到心的擺布。對人來說，它既是朋友，是力量，也是保護者。但若深入分析，開展智慧，便會理解，顯現並不等於存在，存在也非全然真實；這就是空的智慧。以此為利器，努力精進，便可以擊退煩惱。

這裡所提到的種種缺陷：業與煩惱，以及其所留下來的印記，就是受苦的來源。這些缺陷可以用適當的解藥予以化解。煩惱所留下來的印記會障蔽人心，使之無法得到遍知（omniscience）②。心意識的本質本來可以周知一切，但這些缺陷卻遮蔽了心，使其無法開展這種知的潛能。培養必要的對治能力以消除這一類的遮蔽，全都要靠心來完成。一旦完全擺脫遮蔽，心意識自會充分覺知，因覺醒而開悟。

開悟的境界並非什麼神靈附身，而是心的本性全然展現其正面的潛能。因此，修行者要達到這種境界，首要之務就是要消除心的負面作用，然後逐步開展心的正面特質。在消除負面衝動與業障的過程中，心會積極發揮其解藥的作用，一旦達到一個境界，無論任何情況，煩惱與

② 譯註：指周遍了知四諦的無漏智。

心障都不再復返。

同樣的道理，精神洞察與知見的開展也完全是心的作用，正面的能量，無論多麼細微都會萌發，時機一旦成熟，覺知自會充分臻於完滿，覺悟成佛。

關鍵是要記住，佛陀所教，一切都是要幫助有情眾生，為其指引一條精神的道路。他所教導的思想並不只是抽象推論，而是對抗煩惱的過程與方法。人生的煩惱形形色色，各有對治的解方。譬如對治嗔恨，佛陀所教，就是要我們觀想仁慈。觀察一個對象，留心其令人厭惡的一面，則可以克服對此一對象的執著。以存在為真實本屬虛妄，其中大有道理在。因為，真實的概念也是無明的一種，瞭解空的智慧就是在對症下藥。

從這些教導我們可以明白，一切煩惱都只是心在作祟，是一時的，是可以完全拔除的。心一旦免於雜染，其潛在的本性——清明與覺知——便會充分展現。透澈瞭解了這一點，修行者便可以明白，涅槃與佛性盡在其中，開悟自在其中。

一個人，縱使天地間一切神明聯合起來與之作對，所有眾生與之為難，這都無法把他送進地獄。但換個角度看，煩惱卻可以在一眨眼間就把一個人丟進地獄裡面。生而為人，天地未始以來，種種煩惱，傷我毀我，縱使是敵人，也未有如此糾纏不休的。一般的敵人，死的會死，走的會走，若順著他，假以時日還有可能成為朋友，有朝一日嘉惠於我。但以煩惱來說，愈是纏著它不放，卻愈是傷我害我，帶來痛苦。煩惱才是始終的仇敵，是唯一帶來痛苦的因子。這個仇敵一日不去，也就一日不得喜樂。

與一般的敵人開戰，有可能大獲全勝，將之驅逐出境。但一般的敵人可以重新集結，加強實力，重整裝備，捲土重來。但對抗煩惱，一旦將之擊敗掃除，它們就不再回來。從這個角度看，煩惱其實是不堪一擊的；摧毀它們，無須動用核子武器或飛彈。煩惱之所以不堪一擊，在於一旦明白真相，培養了智慧之眼，它也就連根拔除了。煩惱一旦自心中消除，又到了哪裡去呢？答案是，消失在空裡面。從此不再出現，不再重振旗鼓，不再回來造成傷害。

煩惱是不會自己生出來的。執著與憤怒一旦在心中生起，來勢洶洶，心便紛擾起來。但即使是這樣，若貼近審視，它們也就無所遁形，既不附在身體裡面，也不附在感官裡面。

煩惱無跡可尋，不在身心器官之內，也不在其外。煩惱者，錯覺而已。何必要讓它們把自己丟進地獄裡去呢？

保持正念

心中的感受，無論正面的或負面的，取決於心是否得到轉化。因此，最重要的事情就是要管束並調伏其心。

一切的恐懼及無盡的苦痛都是心的產物。佛陀的教導是，心才是最強悍的敵人。天地之間，沒有比心更可怕，更讓人畏懼的東西。但他又說，調伏的心能提升一切優秀的特質。心是平安與喜樂的源頭與種子。善行生喜樂，惡行生痛苦。

因此，喜樂與痛苦取決於心之轉化與否。即使只是短時間，愈是著力於心的管束與調伏，便愈覺喜樂，愈得安頓。

心一旦得著管束，安頓下來，就算是整個宇宙都轉而與你為敵，也不至於覺得害怕或難過。另一方面，心裡若是煩惱、焦慮，就算是天下美味擺在眼前，可能也食之無味，耳聽的雖是美妙樂音，卻也不得其樂。所以說，是喜樂還是苦惱，一切取決於心之調伏與否。

心一旦得到轉化，不再我執，不再欲求，即可成就佈施。佈施者，指的是將自己一切所有都施捨給有情眾生，包括因佈施所得到的善果。修行完全取決於心。持戒也相同。持戒有成，意味著心已經達到一種境界，無論任何情況，絕不傷害有情眾生。修持安忍也一樣。有情眾生，蠻不講理的無以數計，一如空間之遼闊，但一旦知道如何管束自己的心，所有外在的敵人便灰飛煙滅。一旦心凝神定，縱使整個環境充滿敵意，也能煩惱不侵。護腳免於荊棘，不可能用皮革覆蓋整個地球表面③。

若要守護自己的心，就必須努力保持正念。一旦心神鬆懈，正念散馳，過去累積的修行成果便如遭賊所竊，全都會毀於一旦，生存便將墮入紛亂。煩惱有如盜賊，隨時蠢蠢欲動，找到機會便趁虛而入，搶掠美德，奪走快樂人生。因此，絕不可令正念變得軟弱。縱使偶爾失落，切記無盡輪迴之苦，定要將之找回。

那麼，如何才能保持正念與覺察呢？向精神上的良師請益，聽取教

③ 譯註：意思是抓住要點，在這裡指的是管好自己的心即可。

法，知道哪些是必須修持的，哪些是應該棄絕的。對教法愈是心懷虔敬，便愈會謹慎小心。交往的若是益友，自然就會保持覺察。聽取良師的教法，並以益友為模範，自能明白哪些不可做，哪些該修持。深思無常與輪迴之苦的道理，時時放在心上，心便知所畏懼。因有所懼，便是有福之人，正念可以很快進入情況。

另一個培養正念的法門，就是要牢記，諸佛與菩薩擁有遍知心，隨時知道人心的動靜。心中常有諸佛菩薩，必會小心謹慎。行為有所閃失，便會羞愧。

諸佛與菩薩擁有無障的覺察力，一般人的所作所為，無不看在眼裡。明白這個道理並心存尊敬，便是心中有佛。一般來說，我們總認為，唯有誦經或念佛，諸佛與菩薩才會垂注。這其實是不對的。佛的遍知心無所不察，即使是最細微的介子亦然。換句話說，佛心覺察一切現象，不為時空所限。

明白自己隨時與遍知的諸佛同在，便是在感應佛陀及佛性。這對每日的禪修十分重要。

正念若能保持，各種缺失形成時，自能自我約束。舉例來說，與人言談時，怒氣衝了上來，正念便會提醒，暫時停止談話，或改變話題。心想，對方雖然不講道理而且出言不遜，但也用不著以其人之道還治其人之身，與其僵持在那兒，不如轉而想想對方的優點。如此一來，心中怒氣自消。

粗枝大葉的心很容易被煩惱撩撥起來，因此，要把它綁在精神修持的大柱子上，全心全力檢視自己的心，不教須臾放逸。注意看著它的動靜和發展。譬如說，禪修的時候，首先培養專注，小心不要讓自己分了心。這樣一來，就可以毫不分心地禪定約十五分鐘。等到習慣了，時間還可以更長。

當然，真要把心管住，讓它老老實實待在觀想的對象上並不是那麼容易。叫心聽話其實相當困難，但漸漸習慣了，自會水到渠成。要管住心，無論什麼法門都可以用。譬如說，有的人就發現，禪修的時候，面壁而坐有助於收心。有些人覺得閉目比較有效，有些人卻要睜眼。這全在乎個人的習慣與環境。

如此這般，便可以經常保持警覺，防範煩惱的侵襲，不致習染要不得的行徑。所行所言，起心動念之際，都要考察其是否正當。當執著之心生起，或感覺到怒火中燒的時候，按捺住一切，不要言語，不要動念，任自己做一塊木頭。

如果發現自己得意忘形，想要吹噓誇大，講別人壞話，欺騙別人，出言不遜，冷嘲熱諷，想要自我標榜或批評別人，這時候，任自己做一塊木頭。如果發現自己想要得到財富、地位、名譽與聲望，想要收攬一批人追隨自己，那麼，任自己做一塊木頭吧。如果發現自己只想破壞別人成就自己——更糟的是，還想四處招搖——那就任自己做塊木頭吧。如果發現自己愈來愈沒有耐心、懶惰或灰心，或想要大放厥詞，又或目中無人，便任自己做塊木頭吧。

保持警醒，勤修所學，力求精進，知所捨棄，務求徹底。正面的行為不待他人鼓勵督促，定要自己篤定勵行。修行勿因小慧而捨大智。最重要的是，所作所為，定要利益他人，能夠成就他人之所願。

這一點至關緊要，既然瞭解，就當時時為他人設想。這也就是佛陀所教的慈悲。佛陀有先見之明，知道何者有益長遠，何者只利一時。其教示是可以通權達變的，菩薩一貫以利他為取向，便宜行事，可以行平常不當為之事，道理在此。

心之為物，凡事愈是習以為常，做起來就愈是簡單。受苦如果能夠視之為轉化，再大的苦也都能夠忍受。任何事情習以為常，也就變得簡單了。習慣了忍受小痛，就會逐漸養成承受大苦的能耐。

許多人在日常生活中忍受蟲蚋的叮咬、飢渴的煎熬、荊棘的刮刺。所有這類小苦小痛，一旦習以為常，便不足以為患。因此，面對冷熱、風雨、病痛種種小問題時，煩惱只會使問題惡化。有的人眼見自己血流五步而不懼，甚至勇氣倍增；有的人卻見不得一點血，更不用說自己的，一見就昏倒。之所以會有這種區別，關鍵在於心理的穩定度不同。有人果斷剛毅，有人膽小怯懦。

心平氣和，學習面對小患小難，時日一久，不同程度的苦難都將不足為患。面對痛苦是一種智慧的養成，心便可以不為所亂。

透過五官的門戶，人得以看、聽、嗅、嚐，並接觸外界形形色色的形體、質地與印象。形、聲、香、味、觸、意的發生，全都緣於六識，一旦能夠予以斷絕，則過往之聚積消散，記憶之流終止，心便無所住。同樣地，種種未來的盤算與思慮也都應該不使升起。總之，務求放空一切這類思維。免於這一切的罣礙，則心自無垢、清淨、無礙、寧謐。

6
禪修之道
How to Meditate

佛教教導的精髓，互生與不害而已。這兩個乃是根本，務要牢記。世間無有獨立存在或自行生成的現象，一切現象皆有賴於其他因素。萬事萬物皆是緣起互生。舉例來說，一個國家的和平有賴於鄰國的態度與世界整體的安定。一個家庭的安居有賴於鄰家與整個社會。佛教的觀點是緣起互生，而非一個全能的創造者，或一切憑空生出。

人若拋棄基本的倫理原則，自行其是，不愉快的結果便隨之發生。認為鄰居無關乎自己的安居，便不把他們放在眼裡，會欺壓別人，會威嚇咒罵別人。在這樣的鄰里間，能夠指望平安和諧嗎？答案顯然是否定的。一個人，滿腦子都是壞念頭，譬如敵對、嗔恨，心中自無喜樂，不過惹人厭惡而已。但若是善養一己之仁慈、包容與理解，則整個氣質都將變化。經文《修心七要》①就說：首先要修基本修行。

基本修持有四：思維有幸生而為一自主之人的珍貴與潛能、思維死亡與無常、思維行為及其結果，以及思維生命輪迴之誤。舉例來說，思考有幸生而為一自主之人的珍貴與潛能，便可以克服對此生短暫歡樂的迷戀。思維死亡與無常，便可以克服對來生轉世得遂心之所願的嚮往。

再來，是禪修過程中及禪修之後各有不同的作為要履行。一般來說，禪修期間都會要求自己盡可能地做到專注。但禪修之後，若放任心，不予約束，隨其放逸，便會損害修行的進程。因此，禪修後的修行尤其重要。

禪修者，為自己創造機會，不斷熟悉一個良善的對象以達成心的轉

①譯註：為十一世紀藏傳佛教最重要的精神導師阿底峽（Atisha）尊者所作，是大乘佛教傳統中顯教與密教的修行精髓，主張修行要靠自己的念頭，利用心性做為修持菩提心的根本。

化。心之轉化，光是瞭解某些要點並不足以達成。理智上或許懂得利他覺醒心的殊勝，但光是如此並無法真正改變自我的利己心態。唯有不斷透過這層理解，持續深入認清我之所以為我，利己之心才得以消除。這也就是禪修的目的。

禪修可以有兩種：**觀想修**運用分析與反思，而**安止修**則是使心安住於一想。觀想愛與慈悲時，著力培養這樣的心：**願一切眾生得以了脫苦痛**。另一方面，觀想空或無常時，便將無常或空做為修行的對象。

修心要從基本修行入手，諸如觀想死亡與無常，藉以鞭策自己展開主要修行。從事這些修行，要從分析主題入手，等到有了一定的結論，便牢記於心，並專注其上一段時間。一旦發現專注散馳，便再度運用分析。如此周而復始，可以一再運行，直至看見心內生起某種定見為止，然後再更換主題，如古典經文《入菩薩行論》、《寶鬘論》等等之所述。

這就有如試用不同的藥物，找出哪一種藥物比較有效。如果只執著於一種觀想，幫助可能不是很大。總之，定要多方嘗試。下足功夫研究之所以必要，道理在此。事前沒有做足功課，禪修就有如沒有雙手卻要攀爬懸崖峭壁一樣。

姿勢與呼吸

講解禪修正確的姿勢與呼吸技巧之前，先來談談正確的修行環境。

對初學者來說，禪修的處所十分重要。一旦開展到某一個境界，外在因素便不足為慮了。但一般來說，禪修的處所一定要安靜。禪修的時候，心要繫於一境，所以需要一個完全隔絕的地方，一個沒有雜音的地方。

同樣重要的是，禪修處所的環境務要打掃潔淨。清潔不只是出於世俗生活的要求，而且也是要營造一種心理效果，使精神上更為潔淨。阿底峽的主要弟子博多瓦（Po-to-wa）說得好：「禪修一旦達到一個境界，所作所為都會影響到自己的修行。」因此，清潔禪修的處所，實際上也可以視為把心打掃乾淨。

禪修時要保持正確的體態，座位應求後部稍高，有助於放鬆。坐如**金剛**（*vajra*，雙盤坐）的姿勢相當困難，但若不致引起疼痛，那才是正確的方式。不過，也可以單盤，或採多羅菩薩（Arya Tara）的坐姿（右腿伸出，左腿盤坐），極為舒適。

正確的**手印**（*mudra*），亦即手勢，則是右手背置於左手掌上，兩手拇指豎起相觸，形成一個三角形。三角形具有怛特羅密教的意義，象徵實境、實相，以及丹田的內熱。

雙臂不可觸及身體，頭部微傾，舌尖輕抵上顎，如此一來，在一心進行深度專注時，可以避免口渴及流涎。唇齒保持自然，眼觀鼻尖。至於眼睛，剛開始時，閉上雙眼，心相或許會比較清晰，但就長遠來說，並非上策，反而不宜閉上。心相成於心理層次而非感官層次。訓練自己禪修時睜開眼睛，反而不致失去自己所觀想的心相。禪修時閉上眼睛，一旦養成習慣，睜開眼睛時，心相亦隨之散失。

禪修中，呼吸應自然。呼吸無須太過用力或太過緩和。心情劇烈起伏，譬如憤怒或發脾氣時，專注於呼吸有助於恢復冷靜。此時，用心數息，完全拋開憤怒。專注於呼吸，並數算吸氣呼氣「一、二、三」，直至二十。心一旦完全專注於呼吸，吸氣吐氣之間，情緒便為之平息。隨後，思想也將為之清明。

一切行動，包括禪修，大多起於意向或動機，因此，極為重要的是，禪修之前當培養正確的動機。但話又說回來，動機千萬不要只掛慮輪迴的完滿。利他心才是正確的動機。

定禪

在禪修的進程中，禪定的訓練，亦即使心專注於一個對象上，必須力求精進。禪定有多種，但這裡要講的是定禪（*sbamatha*）②。定禪的本意是一心專注於任何一個對象，不使散亂，從而使身心得以輕安。其作用若是求解脫，便是小乘修行，若是為一切有情眾生求最高的覺悟，則是大乘修行。

定禪若得以成就，其福報在於身心俱得喜樂，透過身心輕安的力量——將心安住於自己選擇的任何良善對象——得以成就許多特殊的特質，諸如天眼通③與示現④。定禪的主要目的與受用，在於可以使人達成特殊的**內觀**（*vipasyana*）⑤，了知空相，藉此解脫生命的輪迴。

要做到定禪，必要具備以下條件。修行處所無有雜音，雜音是專注

②譯註：音譯為「奢摩他」，意譯為定禪、止禪、寂止禪或止。
③譯註：預知能力。
④譯註：以各種不同的身分顯現。
⑤譯註：以智慧來觀察。

的大敵：地方與用水皆要宜人。至於禪修者自己，要少慾知足，要避開世俗的喧鬧與紛擾，要戒除不正當的身業與口業。藉由所聞所思，打消對禪修的錯誤認知，知道如何思維慾望的謬誤，思維無常的意義，諸如此類。

談到真正的定禪修行，彌勒菩薩——未來之佛——在他的《辯中邊論》（*Madhyantavibhanga*）中說：其得以成就之關鍵在於運用八對治滅除五過失。

應予滅除的五過失為：

- **懈怠**：不思勤修禪定
- **忘失**：忘失對象
- **昏沉與浮動**：禪定中斷

‧**不作為**：昏沉與浮動時，不知運用對治將之滅除

‧**過度作為**：昏沉與浮動已經滅除，仍然運用對治

八對治則是滅除五過失的方法，懈怠的對治是：

‧**信**：明白禪定的殊勝

‧**嚮往**：追求這種殊勝

‧**正勤**：禪定精益求精

‧**身心輕安**：勤修所產生的效果

忘失的對治是：

‧**念**：持續對一個對象保持專注

昏沉與浮動的對治是：

‧**正知**：了知昏沉或浮動的生起

不作為的對治是：

- **作為**：用心對治昏沉與浮動

過度作為的對治是：

- **抗拒作為**：解除對治

專注的狀態

運用八對治，將可逐漸滅除五過失，便進入九種專注的階段，亦即：

- **安住心**：收其心並專注於內心的對象（譬如觀想佛陀）
- **續住心**：比之前更長時間專注於內在的對象

• **再住心**：很快覺察心之散亂，立即回到觀想的對象

• **增住心**：將心從（觀想對象的）整體面向逐漸轉而專注於其細部

• **轉住心**：了知禪定之殊勝，樂於安住

• **伏住心**：壓止因禪定而起的厭煩

• **滅住心**：精益求精，於更細微的昏沉與浮動剛生起時即予以滅除

• **持住心**：當妄念不再能夠打斷禪定，便產生持續的禪定

• **穩住心**：無須正念與覺察之助，自能安住於觀想的對象

上述九種專注階段的完成有賴六力的作用。第一階段有賴諦聽，第二階段有賴思維，第三及第四階段有賴正念。第五及第六階段有賴熟悉。

在專注的九個階段中，心的活動（亦即心之作用於其對象）分為四

個時期：

- **強制住**：第一及第二階段，心奮力使其安住於所專注之對象。
- **散亂住**：第三至第七階段，專注形成斷續狀態。
- **不散亂住**：第八階段，心不散亂，能夠持續安住於其對象。
- **自在住**：第九階段，心自然而然安住於其對象。

以上所講解的層次，如果正確了知其特性、順序與區別並勤修定禪，便可以無礙修成圓滿禪定，為期約一年。

這裡所談的定禪，一般都有其對象。特別的是，若以自己的心做為修行定禪的對象，則更將別有所見。人即是心。心猶如太空，其為真空，本來沒有任何的物質形狀。心之為物，無非清楚理解對象所呈現的各個面向。對於心，一旦以這樣的方式加以認知，也就可以如前面所講解的那樣滅除五過失，運用八對治，無往而不利。

以上所述只不過是早期佛教教導有關定禪要素的簡略列舉。定禪一旦修成，先是身然後是心，便可以得到輕安，達成如如不動的輕安，亦即心一境性，安住於其對象。到了這個時候，也就進入了真正的定禪，包括初禪的準備階段。在這三個層次中，初禪屬於形式層次。修成了定禪，心即無往不入，無論安住於何種良善的對象或意義均可以維持一心不動。依此順勢而為，心的領悟力將會非常之大。

7

菩提心

The Awakening Mind

菩提心就是培養佛性以解脫世人痛苦的願心。既要培養菩提心，就要修禪定，光是發願與誦經是不夠的，單是理智上的理解或是受到加持也無濟於事，定要通過禪修，反覆修習才能有成。為要能夠勤修菩提心不輟，首先，要去領會箇中的益處，而且需要痛下決心，視之為當務之急才行。

培養善心當然是極好的，問題是，怎樣才能做到呢？說到修心，一顆良善的心無非就是菩提心，其為良善是最完滿，最崇高，最極致的。其為心，輔以智慧，其慈善是無有邊際的。如經上所說，菩提心是一種具備兩大願望的心：第一願，成全他人之所願，次一願，為成就第一願而修習成佛。

那麼，「輔以智慧」指的又是什麼呢？這裡就拿一心皈依佛來說，那乃是一種心理狀態，全心全意接受佛，奉為終極的皈依對象，以此遠離一切過失，反璞歸真。簡單說，就是接受佛，視之為一珍貴而神聖的存有，換句話說，就是信佛。

但皈依也有另外一種方式，亦即針對所謂的佛及其本質與存在進行分析與探究。透過這樣的檢驗，明白這樣的佛乃是確有其事。一旦明白佛的本質，明白所謂佛者無非就是一顆超凡脫俗的心，能夠跳脫一切障蔽。明白了這層道理，生出極大的信念，便能夠發心皈依佛。這樣的皈依，其基礎之穩固甚至勝過單純的信佛。

菩提心的培養也是如此。即便是菩薩，也有可能尚未勘透空的道理，但卻發下了宏願，定要成全有情眾生之所想所欲。只要有了這樣的宏願，自然能夠為了有情眾生而發心向佛。但一般來說，講到菩提心，其根本還是在於探究眾生之苦是否能夠滅除，若能夠，便發心去做。以這樣的思維與觀念為基礎，所謂覺醒，盡在以下所言：

慈悲當以眾生為念。
智慧當以覺悟是求。

覺醒乃是可以達成的。懂得這層道理，培養崇高的菩提心，為解脫有情眾生而發願成就覺醒時，其心自會生出喜樂與勇氣。

既要培養菩提心，當培養兩願，一願一心向佛，一願利益他人。利益他人之心——顧念他人更勝於自身的菩提心——其根本是慈悲。培養真正慈悲心，就是要修其心以有情眾生所受之苦為念，修其心得見有情眾生之可悲可憫。但另一方面，也要瞭解有情眾生所受之苦的本質。修心，兩者缺一不可。

佛心的種子

大乘佛教①，入門之道無他，慈悲心的培養而已。大乘只有兩乘，經乘與密乘②，無論修哪一乘，唯一的入門都是菩提心。有了菩提心，便入了大乘，但若散失，就與之悖離。一旦菩提心生起，縱使身在輪迴

---

①譯註：佛教的大乘與小乘之分，主要在於利他與自利的不同。能夠自利利他，圓滿成佛的教法為大乘，而只求自利，斷除自身煩惱的則為小乘。

②譯註：經乘法門以圓滿一切善因為修持，一般稱為「因」上修；密乘又稱密宗、金剛乘，以佛果為直接修法，一般稱為「果」上修。

之苦中，也會有已經修成菩提的諸佛予以加持。

一如鑽石，縱使區區一碎粒，其為寶石，仍然優於其他一切飾物，菩提心猶如鑽石，縱使其光微弱，仍然勝過一切為追求個人解脫而修得的品行。佛教論師龍樹菩薩③在《寶鬘論》中就說，若要修得無上至高之悟境，其根本便在於菩提心。因此，務要建立菩提心，穩固一如須彌山王。

尚未修成菩提心，便不得修習密乘的密法修持④。凡受密乘教導，需先接受灌頂⑤，而無有菩提心則不得灌頂，菩提心是接受密乘灌頂的先決條件。

菩提心有如成佛的種子，有如一片種植一切善因的田地，有如萬物得以安住的大地，有如消除貧窮的財富之神，有如護持所有菩薩的父親，有如可使願望得以成就的寶石，有如盛裝一切希望的神奇之瓶，有如殲滅煩惱大敵的長矛，有如抵禦妄念侵襲的盔甲，有如斬斷煩惱的利劍，有如橫掃一切攻擊的武器，有如救人於輪迴之流的勾索，有如吹散一切心障及其所來的旋風，有如囊括所有菩薩言行的密集開示，有如一座人人皆可以前來供養的神龕。

因此，既然明白自己有幸生為一自主的人類，擁有這樣可貴的生命，而且有機會了知佛的教導，便應當珍惜菩提心。藏傳佛教的傳統之

---

③譯註：約紀元二世紀，生活於南印度，許多人認為是釋迦牟尼之後，大乘佛教中最重要的佛教哲學家。

④譯註：密乘之所以為密，除修法有賴師徒口耳相傳之外，更因密乘在層次和知見上更為直接，主張「即身成佛」。

⑤譯註：指上師准許弟子修習本尊法的儀式。

所以寶貴，關鍵就在於其中包含了生起菩提心的可貴法門。此一傳統培養愛與慈悲，並關懷其他有情眾生的福祉，極為殊勝，能夠有這樣的機會講解這些教導固然極其幸運。同樣地，能夠修習這樣殊勝的心法也屬極端幸運。

菩提心之為物，並不在於贏得讚賞或尊敬，而在於存乎一心，是人人都能夠做到也應該去做的。

生而為人，過去種種，或許極端自私自利，但只要痛下決心，便能夠轉化心態，也可以做到一個人在祈禱中所描述的那樣：「從來不曾謀一己的福祉，而總是要造福於他人。」

培養菩提心的方法

生而為人，皆有智能與精神，善用這些天賦，自能達成自己設定的目標。我自己並沒有開悟的經驗，但三十來歲時，常常思考四聖諦，在修成解脫與培養菩提心之間，比較過兩者的可行性，自認為自求解脫應該做得到，但每想到菩提心，便覺得遙不可及。心裡總認為，菩提心雖然殊勝，定然得之不易。

時光飛逝，儘管仍然未能開悟，卻也覺得去之不遠了。如今心想，只要肯下功夫，或許也能有成。每當聽到及想到菩提心，總是既喜且悲。如同每一個人，我也有負面情緒，諸如嗔怒、嫉妒與好鬥，但經過反覆的體會熟悉，便覺得與菩提心又更近了一步。心，具有一種特質，任何特定的對象，一旦體會熟悉之後，在相對的關係上，心便可以取得穩定。不似身體的進步有其自然的侷限，心的發展是無限的。心和火一樣，不斷加柴添料，便會益趨旺盛。用心反覆體會熟悉，一切自可駕輕就熟。

真要下功夫修習利他的菩提心，第一步就是要懂得明辨自我中心之害與心存他人之利，其主要的修行則是將心比心。此一修行的實踐有不同的說法。但儘管各有說法，卻都有一共同的要件，亦即一開始就要以慈愛對待一切有情眾生，視之為可喜可親，培養強烈的慈愛之心，而其先決條件則是平其心，藉以調整對待其他有情眾生的差別感情。

要做到這一點，有一個方法極有幫助，那就是觀想自己的面前有三個人：一個是親戚或朋友，一個是敵人，另一個是不相干的人。注意自己對這些人的反應。一般來說，很自然地都會親近自己的親戚，遠離敵人，其他人則無所謂。想到自己的朋友，便覺得親切，感情油然而生，會關心其福祉。但一想到敵人，立刻就會覺得不舒服，心裡煩躁起來，見其碰到麻煩，甚至還會幸災樂禍。至於想到不相干的人時，多半都不會關心他是否如意，總之，根本不在乎就是了。一旦認清了這種感情的差別，便不妨自問，那樣不同地對待他們是否是對的。如果觀想朋友居然會傷害你，到那時自會發現，自己對他的反應也會改變。

現實人生中的朋友未必永遠都是朋友，現在心目中的敵人也未必永遠敵對。此生的朋友或親戚，前世有可能是敵人。同樣地，現在視之為敵人的人，有可能是前生的父母。心裡只關心現在的朋友，漠視心目中的敵人，其實是不對的。

此生應該做的，就是消除對親戚與朋友的執著，另一方面，則是消除對敵人的嗔怒與怨恨，並要仔細思考一個觀念：天下眾生無一不是自己的朋友。如此，便是在培養對有情眾生的平等心。

生而為人，正因為與有情眾生息息相關，所以才要遵守基本戒律，如戒殺、戒盜、戒淫。正因為與其他有情眾生息息相關，所以才要力行十善。同樣地，正因為與其他有情眾生息息相關，所以才要修持佈施、持戒與忍辱。也正因為與眾生息息相關，所以才要培養愛、慈悲與菩提心。譬如慈悲，其實就是一種心理狀態，是碰到其他有情眾生受苦時對其付出的關心，以及欲使其脫離此苦的願心。因此，如果沒有有情眾生這個對象，慈悲云云，是無從培養的。

心的轉化不能用強的，拿刀拿槍是不成的。心之為物，看似軟弱，無色，無形，但實際上卻是堅硬的、可塑的。唯一能使心產生變化的就是心的本身。因為唯有心才能辨別什麼該做，什麼不該做。無明的黑暗之所以得以消除，有賴於心。行善或作惡，心一旦看清楚其間的終極利害，行為也就知所遵循了。

無論修行初期、中期或修得佛性的後期，極端重要的都是要生起愛與慈悲。唯有充分修得佛的覺醒狀態，才有能力實現有情眾生的願望。以四攝法（佈施攝、愛語攝、利行攝、同事攝）與六波羅蜜（佈施、持戒、忍辱、精進、禪定、智慧）這些修行來說，其實都是為了有情眾生才產生的⑥。大乘佛教所有的修行法門都是因為關心其他有情眾生的福

⑥ 譯註：四攝法指的是菩薩為吸引有情眾生，使其生起嚮往而入佛道，進而開悟之四種方法；波羅蜜則是「到彼岸」之意，六波羅蜜指的是菩薩欲成佛道所實踐的六種德目，其對象均為有情眾生。

祉才建立的。因此，每當看到有人跌倒，心念一動，想到**因有人這樣，我心全然覺醒**，愛與慈悲便油然而生。

播種健康的種子於沃土，可以得豐收，護持有情眾生，可以收穫美好的佛果。護持有情眾生不僅可以修得來世的福報，也可以修得成佛的覺悟。畜生道、餓鬼道及地獄道所經歷的各種苦，全都是傷害有情眾生的結果。心中不存有情眾生的福祉，便將遭逢吃人與被人所吃、飢餓與焦渴，以及深創巨痛的悲慘。

取捨也是一種需要大勇氣與大決心的修行。佛教大師峽爾瓦（Sha-ra-wa, 1070-1141）就說過，若要使心熟悉於一種道理，便不能像滾落陡坡的石頭，也不可有如一塘溫吞的死水，定要殷紅似血，白如凝乳。意思是說，絕不可以三心二意，躊躇猶豫或懷憂喪志，定要全心全意，痛下決心。一日修心，次日卻去理會旁務，是無法指望有成果的。

有人或許會問，修愛，修慈悲，為何定要修到佛的完全覺悟狀態。凡真正發心修個人解脫及第十心菩薩的人⑦，都擁有助人的大能。然而，唯有完全開悟，才有能力置無量眾生於離苦之境。因此，定當發大願修成佛的完全覺醒，才能成就自己的以及他人的目標。

時至今日，許多人都懷疑是否真的可能修成佛心。每講到佛心，就只會想到二千五百年前的釋迦牟尼佛。因此，重要的是，要真正明白開悟的本質。首先，定要明白心所遭受的不好習染是可以革除的。單此一點，就可以使開悟成為可能。明白了這個道理，則可以使人興起，勤修

⑦ 譯註：十心指菩薩安住的十種心，分別為大地心、大海心、須彌山心、摩尼寶心、金剛心、堅固金剛圍山心、蓮花心、優曇鉢花心、淨日心，以及第十心虛空心，其心廣大不可量知。

菩提心。所以有說：智慧用於開悟，慈悲用於眾生。一旦明白成佛全在於一己之心內，便會努力以赴了。

修心七要

此法由佛教上師切格瓦（Geshe Chekawa, 1101-1175）所著，為其長期教導修心所得之心法：

敬禮於大悲　　頂禮大悲

甘露藏教授　　此一祕法精髓之心要傳自蘇門答臘大師

金洲之所傳　　當知此法深意

如金剛日樹
五濁厚重時
轉成菩提道

第一、加行

開示加行基礎法

第二、正行修菩提心

應觀無生性
視諸法如夢
對治自然解
道體住賴耶

有如金剛、太陽、藥樹
於此五毒皆將盡除
登上通往全然覺醒之境的道路

一、講解修行前的基本修持

首先，修習基本修持⑧

二、（甲）正法修行：修習大菩提心

盡除凡事不滿之心
觀想眾生之大愛
取捨並修
取捨當交替修習

⑧ 譯註：參閱第六章，頁121。

中間如幻士
取捨間雜修
彼二乘風修
威儀盡頌持

並以取自自身為始
修此二者皆當交付於呼吸
思慮三相、三毒、三德⑨
當遵循此法，要之，
一切行止皆當牢記斯言。

（乙）修習究竟菩提心

心既定止，即傳祕法：
思一切現象如夢如幻
驗知覺之本質於未生
治療之藥本在於自身
置道之本體於一切根本自性
出禪之後，只當活在幻象之中

第三、違緣轉成菩提道

罪滿情世間
違緣轉到用
眾過歸於一
思眾皆有恩
錯顯觀四身
四行勝方便

三、轉逆境為菩提之道

當世間害滿為患
轉逆境為開悟之道
時時當下反省
隨修四行是為最上法門⑩

第四、明一生修法

攝教授心要

四、畢一生修行

修習五力⑪

---

⑨譯註：三相，修禪定時的三相：發相，對治心之沉滯所起奮發之相；制相，制止心散亂之相；捨相，捨置調適之相。三毒：貪、嗔、癡。三德：法身、般若、解脫。

⑩譯註：四行指菩提達摩所說修正佛道之四種具體修行法：報冤行、隨緣行、無所求行、稱法行。

⑪譯註：五力指信力、精進力、念力、定力、慧力，修習五力可以破除惡力，使修行維持不墜，達到解脫。

應修五眾力

大乘往生法

五力重威儀

諸法歸一要

二證取其主

第五、明修心之量

常懷喜悅心

散能即修淨

純熟量為倒

五大純熟相

散亂亦能主

五力本身即是大乘轉化心識的規誡

要悉心培養這些力量

五、修心的標準

融一切教法於一念

做到二證⑫最為要緊

總要時時培養歡喜心

修成之心的標準在於心回復本性

修成之心有五相⑬

修成之心即使散亂仍能控制

第六、明修心／三昧耶	六、修心的實踐
常學三總義	恆守三基則⑭
心改身如故	嚴格要求培養德行並棄絕煩惱
勿說支節缺	克制一切（自私的）藉口
勿思他人過	隨時訓練自己面對困境
不求於果報	不假外求
莫啖雜毒食	心態轉化，但要不失本性
不求於深記	不道人之失
勿作世諍罵	不想他人之過

⑫ 譯註：二證指事證與理證。事證包括修戒與持戒；理證包括修定與修慧。

⑬ 譯註：指密教行者成就本尊身應具備之五相，分別為通達菩提心、修菩提心、成金剛心、證金剛身、佛身圓滿。

⑭ 譯註：三基則指守二戒、不狂放、修忍辱。

不俟於狹路
不可傷其要
在勿失馱
功利莫爭先
勿作邪法用
神莫變成魔
樂支不求苦

第七、修心的學處

諸瑜伽攝一

不思果報
不食不潔食物
莫冤冤相報
不惡口
不伺機報復
不揭陰私
不嫁禍於人
莫爭功好勝
莫顛倒是非
莫把自己快樂建立在他人痛苦上

七、修心的準則

瑜伽修習應一以貫之

遇違緣修一　有二事⑮始終要做
初後行二事　先從較為簡單的上手
二境皆應忍　無論身處何境二者皆要耐心以對
捨命護二事　並以生命護持二者
當學三種難　修習三難事⑯
取三主要因　轉一切入大乘之道
修三無失壞　修行力求周遍深入
成就三無離　追求三淨業⑰
于境修無偏　先求淨化不純正者
遍且深修習　修此效果益形顯著

---

⑮ 譯註：二事應指修觀想與修安止。參閱第六章。
⑯ 譯註：三難應指戒、定、慧。
⑰ 譯註：又稱三福，見《觀無量壽佛經》。

于厲境恆修
不依賴他緣
今當修主要
不顛倒是非
不時停時修
當堅定而修
以二觀察解
不好大喜功
不暴躁易怒
不喜怒無常
莫追求聲譽⑱

不使三者退失
不偏離三寶
若有馳散，勤修以為對治
當下投入各種主要修行
日後不可須臾鬆懈
不偏離正知正解
不可時修時停
當無畏精進
反省分析以求了悟
不可驕矜
不可性急
不可三分鐘熱度
不求人知

修行的真諦

所謂「虔誠修行」，指的並非只是行為上的變化，或過著寺院或退隱的生活。虔誠修行必須落實到一己的觀念上。如果能把所學到的教導放到自己的心裡面，一切的行為與言語自能符合修行。如果沒能放到一己的心裡，就算是打坐、誦經，或生活在寺院中，仍然起不了作用，因此，對修行來說，心才是重要的。正因為如此，皈依三寶（佛、法、修行群體）、行為要考慮後果，以及生起助人的念頭才是最重要的。

以前在西藏，有一個有名的喇嘛，名叫卓碉（Drom）。一天，卓碉

⑱ 譯註：以上五字訣部分為傳統之翻譯版本，部分內容與本書原文略有出入。

見一人繞行佛塔。「繞行佛塔固然好。」他說。「但修行更好。」

那人心想，**那麼讀經一定是好的**。便那樣做了。一天，讀經時，卓碣見到他，又說：「讀經固然好，但修行更好。」

那人心想，**這樣看來還不夠，我如果打坐，那一定就是修行了**。

卓碣見他打坐，又說：「打坐固然好，但修行更好。」

那人感到奇怪便問：「到底要怎麼修呢？」

卓碣回說：「不要執著此生；叫你的心去修。」卓碣之所以這樣說，因為修行端在於修心。

8

修心八偈

Eight Verses for Training the Mind

修心八偈是佛教大師格西朗日塘巴（Geshe Lang-ri Tang-pa, 1054-1123）寫的一篇小文。在他看來，修心就是修菩提心，特別是觀想自他交換，是他生命中最重要的大事。我第一次聽人講解此偈是在拉薩，那時候還是個孩子，從此以後就每日記誦，當成個人的修行。

吾祝諸有緣　　許願寶石固然珍貴
超勝如意寶　　一切有情更為殊勝
成辦殊勝利　　願發大心珍愛顧念
恆時願顧惜　　成就彼等最大福祉

隨處人結交　　不論何時與人交往
視己最卑俗　　虛心自視最為卑微

真誠予他人
最極之珍愛

觀察諸行持
心生煩惱時
不利自他故
強行願驅除

性惡之仲生
屈就猛烈苦
見時如意保
難得願愛重

禮貌恭敬對待他人
發自內心尊為至上

一切行為反躬自省
隨時留心煩惱生起
不利自己有害他人
定當面對並予驅除

世間有人性情乖張
行為暴戾備受煎熬
發願修心顧惜護持
如得稀有罕見珍寶

於我因妒嫉
他人責謗等
願取非理虧
勝利供奉他

凡吾所利濟
寄望之對象
縱非理損害
願視為善士

直接與間接
利樂施眾生

遇人因妒錯待於我
凌辱中傷不一而足
發願承受一切傷害
勝利喜悅歸諸於彼

滿心希望使人受惠
反遭無理錯怪傷害
願視此人為我良師
作為我的精神指引

發願直接間接奉獻
利樂眾生無有例外

害損痛苦等　世間一切害損痛苦
祕密願自取　不動聲色一肩承擔

波等不沾染　發願護持以上修行
八法分別垢　不使世間八慮沾染
心知法如幻　了知諸相皆如夢幻
不耽願離繫①　脫離妄執輪迴拘絆

修心八偈中的前七偈，講的是世間覺醒心，亦即世間菩提心。最後一偈則是簡單點出另外一種菩提心，亦即究竟菩提心。

① 譯註：以上五字偈之翻譯，引自第十四世達賴喇嘛官方國際華文網站。

——八偈中的**第一偈說：許願寶石固然珍貴／一切有情更為殊勝／願發大心珍愛顧念／成就彼等最大福祉**！這裡所說的是人我之間的關係。通常的情況是什麼呢？一般來說，人都會說，自己所珍愛的，無非就是自己，是自己所關心的；因此，趨樂避苦為的是成就自己的福祉。這負擔雖要自己擔起，卻是自己最首要的關心。另一方面，一般來說，關心他人便放在次要的地位，甚至是不重要的。

修心就是要改變這種情況，扭轉這種高度關心自己福祉卻將他人福祉視為次要的心態。要做到這一點，就要培養自己能夠高度關心與重視他人的福祉，同時把自己的福祉放到其次。唯其如此，才是正道。為要成就此一殊勝，便須以多種不同法門持續修心。

——**第二偈**所說的是：**不論何時與人交往／虛心自視最為卑微／禮貌恭敬對待他人／發自內心尊為至上**。這裡的內容就大不同於之前不重視他人的心態。相反地，這裡強調的是看重一切有情眾生，將之視為自己的兄弟，同時自認不比他人重要。這時候，既然是一切造物至高無上，自會奉獻自我顧惜他人，並將一己之身心與全部力量致力於他人的福祉。

——**第三偈**說：**一切行為反躬自省／隨時留心煩惱生起／不利自己有害他人／定當面對並予驅除**。站在尊重他人的立場，致力培養這種顧惜他人的心態，自會發現這種心態與各種煩惱障是完全不相容的，而所謂煩惱障，就是使人不愛惜自己，同時也使人對自我產生錯誤認知。

有鑑於這種不相容性，此偈強調，這類心理的扭曲定要加以防範，每當其生起時，定要有如守護自己的家一樣，用正念與智慧守護自己的思想。正念與智慧就像是心的看守者，有如內部警察。心裡面如果有他們在，外部警察就沒有必要了，因為，如此一來，人就不會作奸犯科。但若少了這些內心的警衛，亦即正念與智慧這些內部警察，不論外面有多少警察，也會疲於奔命，解決不了問題。舉例來說，碰到恐怖份子的問題，警察又能發揮多大作用呢？

——第四偈說：世間有人性情乖張／行為暴戾備受煎熬／發願修心顧惜護持／如得罕有稀世珍寶。此偈特別指涉的乃是極端令人厭惡之人，諸如以人為食或罪大惡極之輩。碰到這類人時，即使無意加以傷害，但也都避之惟恐不急，看都不看一眼，不願與之接觸。

但話又說回來，這種心態最應該予以打消。無論是否碰到這類人，對他們都要培養誠摯的關懷，面對他們時，不會想說：**啊！這會兒我得防著他們；我必須扛起責任，或我必須採取行動才行。**相反地，碰到這類人時，應該覺得自己發現了珍貴的珠寶、財富，或非常難得的東西，熱切接受這種機會，幫助他們。

——第五偈說：**遇人因妒錯待於我／凌辱中傷不一而足／發願承受一切傷害／勝利喜悅歸諸於彼。**因此，培養利他之心，對別人心存顧惜固然重要，但在培養這種心態時，碰到一種人，魔心作祟，不論什麼原因，或是出於憤怒，或是存心為難，想要傷害我們，侵犯我們的身體，或只是要讓我們難過時，尤其要把他們作為自己修行的核心對象，定要特別顧惜，彷彿對待珍寶。當這種有情眾生的惡意引發衝突時，便應退讓，自己認輸，接受損失，由他去得意開心。這便是此偈的精髓所在。

——第六偈說：滿心希望使人受惠／反遭無理錯怪傷害／願視此人為我良師／做為我的精神指引。在為數眾多的有情眾生中，有些人受了別人的照顧或親切對待，往往視之為極大的善意。這樣的人，定會對善待他的人回報以親切與關懷。但有的時候，對人表示善意，他卻待之以冷淡與無情，碰到這種人，感到難堪與不平自是很自然的反應。

至於菩薩，亦即修習菩提心的人，卻會將這種人視為自己的精神良師，把所發生的事情當作是一次大好的機會，特別看重這人並善加顧惜。之所以如此，是因為對方提供了自己機會，得以培養忍辱與寬容。菩薩之為菩薩，端在於此。

——再來，講到**第七偈：發願直接間接奉獻／利樂眾生無有例外／世間一切害損痛苦／不動聲色一肩承擔**。這裡說的仍然是世間菩提。

既然如此，為了要更大力地培養這種輕己利人的健康心態，並使其益發熾熱旺盛，就要使其自慈悲的根源生起。慈悲之為物，不忍他人受苦，渴盼使其得以解脫之心。熱切的同情關懷之外，還要培養一顆慈愛之心，以喜樂之情看待他人的快樂與幸福。

這兩者——悲心與慈心——是積極輕己利人之心得以生根茁長的本源。以此為根基所發展出來的修行稱之為自他交換法（Tong-Len），或捨與取，其精髓就在於：「利樂眾生無有例外，世間一切害損痛苦，不動聲色一肩承擔」。

真要能夠把自己的快樂轉移給別人，直接把痛苦承擔起來，只有極其罕見的情況才有可能；這得要自己與另外那個人之間在因緣上有著非常特別，或許來自於前世的關係才行。也只有這種情況，才能夠使痛苦自彼轉移至此成真，一般是做不到的。那麼，為何要鍛鍊一個人培養這種心態呢。因為，唯其如此，才能養成人格、勇氣與熱誠的大能力，也才能使菩提心的養成精益求精。

——**第八偈**，亦即最後一偈說：**發願護持以上修行／不使八種俗慮沾染／了知諸相皆如夢幻／脫離妄執輪迴拘絆**。在這最後一偈中，其核心意義與究竟菩提心有關。其他諸偈在於直接闡明修行的典型，此偈則直指菩提心。

培養這種輕己利人之心，其間有著極大的危險，之所以如此，在於長久為煩惱所障蔽，會妨礙了正法的修習。修習此法，若在乎因此而贏得的名聲，或私心期望同樣修習此法之人的饋贈，心便受到了汙染。此外，也可能會升起這樣的念頭：啊，我是一個虔誠的人；我是一個正法的修行人！凡此都會產生傲慢之心，自以為優於別人，而輕慢他們。

所有這些煩惱障，以及種種與其相關的心態，很容易就會產生不好的影響。培養菩提心既有這樣的危險，便應特別提防所謂的世間八慮。這中間包括名聲、榮譽、得意與收穫。修習正法時，定要完全擺脫這些。培養此心，務必思想純淨，於自己不做他想，於別人不存惡意。這乃是最最重要的。

9
生死的意義
Meaningful Living and Dying

生而為人，最在乎的莫過於平安生，平安死。死是一種苦，是人人皆欲逃避的一種經歷，卻也是一切人等必須要承受的。但話又說回來，若能採納系列行動，便可以無有畏懼面對此一人皆不願的結果。既要死得安寧無擾，主要因素之一，便是要懂得如何活出人生。此生活得愈有意義，死時便愈少悔憾。臨死的心境大體上取決已經活過的人生，道理在此。

終生並永世精神修行，可以使人對死亡產生不一樣的看法。人之存在，生生世世流轉不息，死之為物，就有如換件衣服。衣服舊了，破了，自要換件新的。這樣想，便影響了對死亡的態度，使人明白死亡乃是生命的一部分。心的粗糙層次全都聽大腦擺布，只要大腦在運作，便跟著繼續運作。一旦大腦停擺，這些層次便自動停頓。也就是說，心的粗糙層次是由大腦在制約。但心的究竟成因卻是細微心的延續，而細微心則是無始無終的。①

人死的時候，有人可以在一旁提醒，在心識的粗糙層次要解體時，產生正面的心態。但人一旦進入細微心的狀態，唯一可以使上力的卻只有之前習染的傾向，到了這個時候，就算有人在一旁提醒善修行，也很難收到效果了。因此，極為重要的是，從年輕的時候就要培養對死亡的覺知，熟悉如何應付心的解體。要做到這一點，可以用觀想加以預演。到時候，不僅不會害怕死亡，反而可能會覺得它有趣好玩。心裡或許會

① 譯註：這裡講的心的粗糙層次，指的是心識經習染養成的習性，其主要部分是八識中的前六識——眼耳鼻舌身意——及第七識——意根，亦即末那識。細微心則是本來清淨的心，亦即第八識，阿賴耶識。

想，自己已經準備多年，對於死亡的挑戰應當能夠應付裕如吧。

克服恐懼

一旦在禪修中體驗了深層的微妙心，於自己的死亡，便確實能夠有所掌握了。當然，前提是自己已經在修持上達到相當境界。在密乘中，就有高層次的修持，諸如心識的轉化，但我以為，臨死的時候，最重要的修持是菩提心。那才是最有力量的。在每天的日常修行中，除了各種密乘修行，我都會觀想死亡的過程七、八次，儘管如此，我還是深信，等到要死時我將明白，最容易記取的是菩提心。那才是我真正覺得貼近的心。

當然，觀想死亡也可以使自己對之做好準備，不再需要為之擔心。只不過我現在還沒有準備面對自己真正的死亡，有的時候不免懷疑，等真正碰到時，自己將如何應付。於是下定決心，只要多活些時日，就能夠多做些準備。我的生存意願一如我之笑看死亡。

記取死亡與佛教的修行不可分。這方面又有不同的面向。其一是經常觀想死亡可以加強對此生及其誘惑的出離。另一方面則是預演死亡的過程，使自己熟悉死時要經歷的不同心境。當心比較粗糙的層次停止時，細微心就占上風了。若要更深層地體驗細微心，觀想死亡的過程是很重要的。

死亡說明這副肉身是有限的。當肉身不再能夠維持，死了，就得到一副新的。根本的存有，亦即我，那個身心合體時的稱謂，死後仍然持續，儘管個別的肉身已經不再，但細微身仍在②。從這個觀點看，存有無始無終，可以續存直至成佛。

但不管怎麼說，人還是怕死。除非此生的正面行為可以為自己帶來保證，否則轉世成為不理想存在狀態的危險可是所在多有。在此生，縱使失去了自己的國家，成為一個難民，但仍活在人的世界，大可以尋求幫助與支持。但死後面對的卻是全新的環境。此生所得到的尋常經驗，一般來說，死後根本無用武之地。

如果沒有適當的準備，事情可能會很慘。至於準備的方式，那就是修心。一方面，就是要培養真誠的、慈悲的動機，行正面的行為，服務其他有情眾生。另一方面則是約束自己的心，那才是在為自己的未來做更長遠的準備。最後，則是做自己的心的主人，這也就是禪修的主要目的。

不相信來世的人，最好思考一下死亡乃是生命的一部分。大家遲早都要面對死亡，這樣做至少可以把死亡當作一件平常事。就算故意不去思考死亡，但躲得了一時，躲不了一世。

面對這個問題，可以有兩個選擇。一是乾脆不去想，不把它放在心上。至少心可以維持平靜。但這個選擇卻不可靠，因為問題還在，遲早還是要面對。另外一個選擇就是面對問題，徹底地想一想。我認識的軍人告訴我，他們的戰鬥力在開戰前比真正進入戰鬥時來得強。如果思維死亡，心便會熟悉這一點。當事情真的發生時，反而不會那麼害怕，也

②譯註：細微身之說最早起源於印度數論派哲學，認為人是由五大——地水火風空——所形成的可見肉體，亦即「粗身」，其內另有一個細微身，是生命的來源，輪迴的主體，密宗稱為金剛身。

比較不會那麼焦慮。因此，我認為，思考及談論死亡是有好處的。

生活一定要活得有意義。在佛經裡面，把生存的領域描寫成無常，有如秋日天空的雲朵。人的生死，看戲中人物的來去就可以理解。人物的衣著換來換去。短短的時期，變化極大。人的存在也是如此。人生的退潮好比長空的閃電與巨石之滾落陡坡。

水永遠往下流，不可能朝山上去。人生常在不經意間就走完了。今生有幸接受了精神修持的價值，或許會想到自己的來生，但心裡主要在意的還是此生的目標。這正是人之所以困惑並陷入輪迴的癥結。生命就這樣白白浪費了。人從一出生就在朝死亡接近。但人生在世，在意的無非吃飯、穿衣、朋友。等到死的時候，這些卻都帶不走，獨自一人踏上下一個世界，無伴無侶。

只有從事精神修持，並在自己的心上留些正面的印記，才是唯一有益的。既要停止浪費人生，激勵自己去做精神修持，便應觀想無常與自己的本質——打從出生的那一刻，肉身本來無常，必然衰敗。

死亡做為修行

從事精神修行並非只是要利益此生，而是要為來生帶來平安與幸福。有一事會妨礙修行，那就是人總是以為自己會活得很長久，像是一個決定要在某處定居下來的人。像這樣的人，很自然就會一頭栽進世俗的事務，積財富，蓋房子，種作物，不一而足。另一方面，比較關心來生的人則像是一個要去旅行的人。身為一個旅人，會為前途上可能遇到的種種不確定，以及如何成功抵達目的地預作準備。觀想死亡可以使修行者比較不執著此生的物事——名譽、聲望、財產、社會地位。有些人，一邊工作應付此生的需要，一邊找時間觀想死亡，因此產生巨大能量，可以使來世得到平安與喜樂。

培養對死亡的覺知，既可以透過形式的觀想，也可以用分析的觀想。首先，要從理智上去理解死亡的必然性。這並不是什麼理論性的問題，而是清清楚楚可以觀察到的事實。今天的這個世界，據信已經有約五十億年的歷史，人類也已經存在約十萬年。這麼長的一段時期，曾經有過一個不曾面對死亡的人嗎？死亡絕對無可避免，無論生活在何處，深藏於海洋之底或高飛於遼闊的天際皆然。

無論生而為誰，終須一死，沒有人可以例外。史達林與毛澤東是二十世紀兩個最有權力的人，然而，照樣難逃一死；而且很顯然地，面對死亡時，他們同樣恐懼，同樣痛苦。生時，他們遂行獨裁統治，眾人簇擁，一呼百諾，供其驅使。任何對其權威構成挑戰之人與事，無不予以無情摧毀。但一旦面對死亡，所有他們信任的人，一切他們所仗恃的力量——權力、武器與軍隊——全都派不上用場。處在這樣的情況，沒有人不害怕的。

培養對死亡的覺知，其好處是可以使自己瞭解生命的意義，明白可長可久的平安與喜樂重於一時的享樂。記取死亡，有如揮槌擊毀負面的習染與煩惱。

培養對死亡的覺知，其次該做的事，是要思維死亡之不可預知。有一句俗話把這情形說得極為透澈：「明天或來世，何者先來，根本無從知道。」每個人都明白，死亡總有一天會來。問題是，大家總以為那是以後的事，永遠都只顧著現世，忙於俗務。因此，觀想死亡的不可預知性非常要緊。傳統經書有言，人生在世，能活多少時日，誰都無法確定，當此亂世尤其如此。死亡之來，無有規則可循，不分誰先誰後。任何人，任何時候都會死，無論老少、貧富、生病或健康。死亡之來，沒有一定的道理可言。強壯健康之人，猝死於無可預料的情況；久病臥床之人，反倒拖延許多時日。

相較於導致死亡的原因，有助於維持生命的要素極為有限，明乎此，死亡之難以預知也就不難理解了。人們把人的這副肉身看得那麼重，以為它健康強壯，可長可久。但現實卻不理會。相較於石頭、鋼鐵，人體何等脆弱。人靠飲食維持健康，持續生命，但食物致病甚至致命的情形也所在多有。保證長生不死，天下無物能夠。

死亡之可怕，在於生命結束。更可怕的是，此生所做的一切——財富、權力、名聲、朋友或家人——死到臨頭時，全都幫不上忙。

大權在握，縱有龐大武力撐腰，但死亡來襲，軍隊也保護不了。巨富大賈，病時買得起最昂貴的醫療，但死亡終於佔上風時，花錢請來的專家照樣束手無策。離開這個世界時，財富留在身後，一毛錢帶不走，至親好友也不能隨行，下一個世界只能獨自面對。這時候，唯有自己的精神修持可以幫助自己。

生而為人，最寶貴的莫過於自己的身體。打從母胎開始，這副身體就是自己最可靠、最忠實的伴侶。對之呵護備至，餓便給食，渴便給飲，倦便休息。照顧、撫慰、保護，無微不至。相對地，身體盡忠職守，隨時準備滿足人的需求，光心臟就是一個不折不扣的大驚奇，一直工作，從不停止，無論人在做什麼，無論睡著了還是醒著。

但當死亡來襲，身體放棄了。心識與身體分離，寶貴的身體變成一具可怕的屍體。於是乎，死者的容顏、財富與產業、親朋與好友，甚至自己的身體，全都派不上用場，面對不可知，唯一有用的就只剩下自己曾經種植於心意識裡面的福田。精神修持可以使人的生命有意義，道理在此。

務要記住，大限來時，菩提心自會帶來安寧平靜。盡心培養心的良善狀態，臨死時可使良善的行為成熟，確保良好的轉世。因此，從佛教行者的觀點看，活出有意義的日常生活，就是要求自己熟悉心的良善狀態，最後，有助於面對死亡。臨死之際，感受是正面的或負面的一切取決於在世時的修持。

要緊的是，日常生活定要活出意義……心態務要積極、喜樂與熱誠。

10
空性入門
Understanding Emptiness

外在現象的知識及其運用是今天所謂的科學。內在現象——心識，亦即心——的探索及其方法，則構成另一種知識。二者的目的相同，都是要成就每個人的終極關心：快樂與滿足。

不僅目的，方法也和人息息相關，畢竟，將之付諸行動的是人。科學家探索外在現象，仍然是個活生生的人，要的也是快樂；至於心識，無論是否為其專業，也會關心心識。修心的人，雖然興趣放在心識或禪修上，也還是要應付物質方面的事。單面取向，對任何人來說，都有所不足。事實上，如果真有一個取向就足夠了，把這些領域結合起來也就是多餘的了。

因此，兩個取向都很重要，我很樂意就兩者彼此間的關係簡單地談談。

緣起互生

「緣起互生」是佛教思想的基本觀念。講到緣起互生的觀念，有兩個意思。其一是指，一切存在起於互賴，亦即與他物或彼此之間處於互為依賴狀態。以物質現象來說，可以這樣說，一物之存在，成於其組成成分的互為依賴，至於非物質的現象，則可以說是存在於互為依賴的相續狀態或相續狀態的情境。所以可以這樣說，無論其為外在現象或內在現象，任何存在，若非與其成分或情境互為依賴皆不能成立。

以任何受到關注的現象來說，若有人要探討其根本，由於其中找不到任何「東西」是此一現象——沒有任何可以讓人指認的具體實物能夠代表此一現象——於是便說，此一現象是透過心的關注而存在。

由於現象並非自外於心的獨立存在，人所謂的「空」，意思就是說，若非有賴於關注的心，則其並非本來存在。由於事物之存在並非出於自發，而是與條件（conditions）①相依發生的，碰到不同的條件時就會隨之改變。因此，存在是與條件相依的。一切皆非本來存在，無法自外於原因與條件，正是一切現象——諸如出生、止息等等——得以改變的根本。

科學對於觀察者或「參與者」的角色詮釋，如果拿來跟佛教的觀點做個比較或許滿有意思。按照佛教的觀點，被觀察現象之存在並不只是一種心理意象、一種心的投射或看法而已，更確切地說，其存在是一與心分離的實體。心與物是分離的。物與心分離，是心認知與命名的對象。

這也就是說，一切現象，毫無例外地，儘管並非只是心的產物或展現，但也並無本身的實體，其終極的存在模式取決於心，心是對之關注的「關注者」。因此，其存在模式完全與關注者分離，但其存在的本身卻取決於關注者。我覺得，這種觀點與科學對觀察者角色的解釋若合符節，雖然兩者所用的術語不同，但意義是相關的。

現象的本質

表面看，以上有關相互緣起與空的說明似乎完全矛盾。但若從更深層次加以分析，便可以明白，由於其為空，現象乃是相互緣起的或互為

①譯註：即所謂「緣」。

存在的，且因為互為存在，所以本質為空。因此，空與相互緣起是建立在同一個基礎上，從一般層面看，這兩個面向似乎矛盾，但從深層看，兩者互補，天衣無縫。

現象的表面模態大不同於其實際的存在模態。心捕捉到現象的顯現時，以為所知覺到的是真實，因此便接受了那想法或概念，但其實是錯的。因為，在對對象的理解上，其概念是完全扭曲的，與存在的模態或實相本身是不相容的。「所是」與「所顯」之間的這種差別或矛盾，關鍵在於，現象雖然實際上本來為空，但顯現於一般的心識時，卻彷彿是本來存在，儘管其根本並不具備這種特質。同樣地，依緣生起的東西實際上是無常的，是一時的，不斷在改變中，但其**顯現**卻好像是恆常的、不變的。

同樣的情形，有些事情本質為苦，其顯現卻為樂。有些事情實際為假，其顯現卻為真。關於現象的存在模態與其顯現模態之間的差別，其間有許多細微的層次。由於這種「所是」與「所現」之間的矛盾，各種錯誤的心態也隨之出現。這樣說明，就十分接近科學家對某些現象顯現模態不同於存在模態的說法了。

一般來說，有關空與相互緣起的理解，很自然地會使人更加相信因果律，亦即相對於不同的原因與條件，生起正面的或負面的結果或效應。如此一來，便會更加注意原因，也會更加警覺各種不同的條件。一旦充分理解了空，或熟悉了箇中的道理，煩惱的生起，諸如執著、嗔恨等等，便會為之削減，因為所有這些無非都是錯誤觀點所引起的，是不見「所是」與「所顯」之間的差別所致。

舉例來說，大家都知道，對自己觀察的事情，情緒的改變取決於自己當時的心情。對象雖為同一，心情平靜時，反應比較不強烈，但如果正受到某種強烈情緒如憤怒的控制，結果便會激烈得多。

現象的實際存在模態，單就存在而論，是空。一旦理解這一點，並釐清了現象外顯的本質，立刻就可以明白，以「所顯」為真的錯誤觀點是不正確的。這樣一來，一切煩惱如執著、嗔恨等等——全都基於該一誤解，是一場根植於現象矛盾本質的騙局——其強度便會為之降低。

有人或許會問：**在對象的理解上，心識或心有不同層次，這又是怎麼形成的？**心識有不同層次，這與內在能量細微心有不同層次相關，真正鼓動並推動心識趨近既定對象的是後者。因此，決定並確立心識不同層次的，是推動心識趨近既定對象的細微心與能量。

要緊的是要去思索內在心識與外在物質之間的關係。許多東方思想家，尤其是佛教的，有所謂四大元素之說，亦即地、水、火、風……或加上空間，共為五大元素。前四大元素地、水、火、風，都是由空間在支撐，使其得以存在並運作。所以，空間或所謂「太空」是一切元素運作的基礎。

這五大元素可以分成兩種類型：外五元素與內五元素，且兩者之間有著一定的關係。按照某些佛教經典，譬如《時輪金剛咒》②的說法，空間或「太空」並非淨空，空無一物，而是指所謂的「無相粒子」（empty particles）。這種粒子是其他四元素演變與消散的根本。其他四

② 譯註：又稱「十相自在」；釋迦牟尼佛應香巴拉國王月賢王的請法，宣說了一萬二千頌的《時輪根本續》，在十三世紀時傳入西藏，成為西藏重要修行法門。

元素來自於彼也回歸於彼。消解的過程，順序是**地**、**水**、**火**、**風**；產生的過程，程序則是**風**、**火**、**水**、**地**。這四者若說成固體（地）、液體（水）、熱（火）與能量（風）就比較好懂些。四元素之產生，是從細微層次到粗糙層次，全都出自無相粒子；然後從粗糙層次消解至細微層次，進入無相粒子。空間，亦即無相粒子，是整個過程的根本。

空性的修證

瞭解一切假的現象其本質為空，便可以專心來談空了。當悟心的修證與禪定的境界成熟時，則可以開始修證空性了。

一般來說，修空的時候並不需要離相，但這裡講的是密乘修行，建議還是以離相為佳。

此一修行可以始於兩個途徑：可以先去一切相，然後觀想空性，也可以先觀想空性，然後去一切相。

現在，簡單說明一下修空的真諦……這裡，極端重要的，是認清哪些東西是要加以否定的。

主要的佛教派別都接受眾所周知的四法印。四法印分別是：

- 諸行無常　　一切緣生事物無常
- 諸漏皆苦　　一切不潔現象的本質為苦
- 諸法無我　　一切現象無我並為空
- 涅槃寂靜　　涅槃非他，平安而已

在這裡，無我指的是沒有一個人的我是自足的。

首先，若要修證空性，就必須確認自己所要修的空——亦即所要否定掉的東西。所要否定的對象如果不明確，便不可能產生其並不存在的意象。要做到這一點，比較方便的做法莫過於反求諸己。

「我做，我食，我在」，當自己很自然地有這種感覺時，不妨思量一下，在自己的心裡，這個我到底是個什麼樣的我。然後，嘗試用各種方法，設想不愉快的情況，譬如說，自己遭到不公平的責難，或令自己愉快的情況，譬如說，受到讚揚。處於這些狀況時，心理狀態往往起伏甚劇，那一刻，顯然可以非常清楚地感知到那個「我」。

當這個「我」顯現於自己心中時，看起來像是某種會把自己的身與心區隔開的獨立實體嗎？這個「我」看起來如此鮮明，感覺起來簡直觸手可及——此一獨立於自己身心的某種東西——這種形式的「我」，正是最為蠱惑人心的投射，是應該予以否定的對象。

第二個關鍵點是思維是否真有這樣一個「我」或獨立的自我存在，它和身與心是一體的，還是實際上與兩者分離，或者另有第三種存在的方式。

關於這一點，先是要審視不同的可能性，然後就會發現，如果它確實是以一個獨立的實體方式存在，那麼，它就應該與身心的聚合是一體的，要不，就是分離的，因為，第三種存在方式是不存在的。

第二個關鍵點來了：它與那個聚合是一體的還是分離的，二選一。

現在，思考一下，如果它和聚合體是一體的，那麼，一如自我是一，身與心也應該是一，因為它們與自我是一體的。如果自我是分離的，那麼，一如聚合體是多重的，自我應該也是多重的。

接下來，再想一想，如果這個獨立的自我或「我」是一個截然獨立的存在體，確實完全與聚合體分離，那麼，情況應該是，即使聚合體停止存在，它應該也還在。但情形並非如此。

用這種問答的方式探尋，結果將會發現，在聚合體的那邊，並無法指認出這樣的一個「我」。

這樣推論下來，之前顯現於自己心識的那個獨立的「我」或自我其實是一個錯覺或投射。它並不存在。

舉例來說，黎明或薄暮時分，光線微弱，有人可能會被盤繞的繩子驚嚇到，以為是一條蛇。但就繩子這個對象來說，哪來的什麼蛇，無非是蛇的意象在那人心裡作祟而已。

同樣的道理也可以用到身心的聚合上。在這個聚合中所看到的那個

「我」，儼然就是從其中生出來的，但實際上，在這個聚合中，絕無一丁點東西是可以被指認為「我」的。如同之前所舉的例子，蛇只是錯覺的投射——根本沒有蛇的存在。

同樣地，自以為有一個人，截然不同於心身的聚合，是外在於心身聚合的，其實也是不存在，那只是一個貼在心身聚合上的標籤而已。只要相關的對象並非實質存在，兩種情況並無不同。

就相關對象及其狀態而言，兩者之間完全沒有差異。差異定然是來自於知覺的心，亦即來自於主體。繩子被貼上蛇的標籤，那是錯覺所致。過不久，太陽升起，把對象看清楚了，正確的認知——另一種不同的心識——便會將誤把繩子當成蛇的錯覺驅散。

把盤繞的繩子貼上**蛇**的標籤可能有害。但話又說回來，換作是人，儘管沒實質的體相，但若將心身的聚合貼上人的標籤，那可是得其所哉。那可就是沒有別的心識可以將之驅散的。

11
普世責任
Universal Responsibility

我應該聲明一下，我並不熱中於搞運動，或支持什麼意識形態，也並不想成立組織推動某個理念，一副天將降大任於斯人，而別的人都沒事似的。當今這個環境，沒有人有資格要求別人來解決這個世界的問題；每個人，無分男女，都應該承擔自己的那一份普世責任。唯其如此，隨著勇於負責任的人數增加，十、百、千，甚至十萬，未來或將大幅改善整體的氛圍。正面的改變不會是說來就來，努力的需求卻有增無已。如果就此灰心喪志，可能連最簡單的目標都無法達成。唯有努力不懈，即使是最艱困的使命也將終底於成。

基本上來說，培養普世責任的胸襟純屬個人的事。慈悲的考驗不是抽象的討論說說而已，而是要落實到日常生活上。更何況，某些基本觀點還是修行利他心的根本。政府制度儘管不完美，民主政治畢竟是最近於人性的。因此，有幸享受民主的人當繼續為所有爭取這項權利的人奮鬥。更何況，民主政治也是建立全球政治架構唯一穩定的基石。身為人類一員，任何民族與國家維持其獨有特色與價值的權利，都應該予以一體尊重。

尤其重要的是，在國際事務的範疇內，慈悲之為用，仍有極大的努力空間。經濟的不平等，特別是已開發國家與開發中國家之間的，依舊是世界上最大的痛苦來源。

儘管可能導致短期的金錢損失，多國公司必須停止對貧窮國家的開發利用。開發這類國家所擁有的珍稀資源，徒然為開發國家的消費主義火上加油，結果只會帶來災難，如果繼續放任，到頭來受苦的將是全人類。扶植弱小，去多元化經濟才是促進政治與經濟穩定比較正確的政策。儘管看似理想主義，利他主義，不光是著眼於競爭與財富之取得，才是商業的推動力。

在科學的領域，人類也應該重拾對人類的承諾。科學的目的雖然在於瞭解現實，另一個目標卻是改善生活品質。沒有利他的動機，科學家便無法在科技的利用厚生與權宜方便之間做出區分。地球環境的破壞正是這種混淆最明顯的例子，但新一波生物科技的發展，人類現在已經能夠操控生命本身的微妙結構，有關這方面的管制，動機正當益顯重要。每項行動如果不能立基於道德倫理，勢必會對精緻的生命本體構成重大危害。

世界上的各種宗教也不應自外於此一責任。宗教的目的不在於興建美輪美奐的教堂與寺院，而應在於陶冶正面的人性，諸如寬容、佈施與愛。任何宗教，無論思想觀點為何，其出發點與終極目標都應以利人利己為前提。不幸的是，宗教本身所製造的爭端甚至多於爭端的解決。不同信仰的信徒都應該瞭解，每個宗教傳統都有其深厚的內在價值，以及為心理與精神提供健康的方法。

一個宗教，有如一種食品，是無法滿足所有人的。不同的心理傾向，某些人受用這種教義，有些人則受用另一種。每一種信仰都能夠培養出優質善良的人；儘管擁護的理念有所不合，在這一方面，每一個宗教卻都做到了。因此，大搞宗教的偏執與排他實在沒有道理，反倒是顧惜並尊重一切形式的精神活動才是理所當然。

今天，人類正處於歷史上最痛苦的時期，由於毀滅性的武器廣泛增加，因暴力而受苦及死亡的人遠多於過去。在狠狠撕裂人類社群的意識形態基本教義派之間，人類也目睹了一場近乎你死我活的競爭，一邊是武力與野蠻暴力，另一邊是自由、多元、人權與民主。

依我的看法，這場劇烈的競爭，現在態勢已經明朗。儘管人類愛好和平、自由與民主的精神仍然面對許多暴政與邪惡，但普天之下絕大多數人都希望其獲勝則是鐵一般的事實。因此，這個時代的悲劇並非完全無益，而且在許多方面頗有所獲，使人心為之大開。共產主義的崩潰就是最有力的證明。

共產主義雖然包含許多崇高的理想，包括利他主義，但統治階級意圖強加其觀點於人民卻是最大的不幸。這些政府長期管制社會整個資訊的流通，打造其教育體制，使其國民願意為公益服務。剛開始的時候，為摧毀前朝的壓迫統治，嚴厲控制的組織或許有其必要，但目標一旦完成，對於建立一個有利人類的社會卻鮮少貢獻。共產主義之所以徹底失敗，在於它依賴武力推展其信念。歸根結柢，它所製造的痛苦是人性所無法承受的。

暴力之使用無論強大到什麼程度，永遠無法壓制人類追求自由的基本願望。東歐各大城市成千上萬的人走上街頭就是明證。他們只不過是要表達人類追求自由與民主的需求罷了。多麼動人的一幕。他們的要求無關乎任何新的意識形態；他們只是說出心裡的話，分享各自追求自由的願望，告訴世人那是打從人性核心裡面發出來的。

事實上，無論個人或社會，自由都是創造的泉源。像共產主義所主張的，以為只要給人民有吃、有住、有穿就行了，但那絕不足夠。這些東西即使都有了，但卻沒有維持深層本性所需要的寶貴自由空氣，那也只能算是半人，有如動物般，只知滿足肉體需求而已。

我認為，之前蘇聯及東歐的寧靜革命教導世人甚多。其一，是真相的價值。無論個人或體制，恐嚇、欺騙或唬弄人民，老百姓都不會喜歡，因為那不符合人的本性。因此，用欺騙與武力所達到的成功，縱使重大，必然只是一時，最後終將遭到推翻。

另一方面，每個人都喜歡並看重真相，因為，那是天性。真相是自由與民主的最佳保證與基石。無論力量弱小或強大，運動宗旨多或少，真相終將獲勝。一九八九年及其後來的自由運動之所以成功，在於其基礎為人民最基本感情的真正發抒，而這一事實無異在昭告天下，在許多人的政治生活中，真相仍嚴重缺乏。

特別是在國際關係的行為中，真相非常不受尊重。無可避免地，弱國受強國的擺布與壓迫，一如多數社會，弱勢受財富與權勢的欺壓。在過去，真相的表達往往會被斥為不切實際，但過去幾年卻證明，那乃是人心深處的巨大力量，最後，打造了歷史。

東歐所給的第二個重大教訓是和平改變。過去，受奴役的人民爭取自由往往都是訴諸暴力。如今，追隨甘地及馬丁·路德·金恩的足跡，這些寧靜革命為未來世代立下了非暴力改變的成功典範。未來的社會，當重大變革再度成為必要時，人類後裔便可以把現在這場規模空前，包括十幾個國家及數千萬人參與的成功壯舉，當成和平鬥爭的模範。更重要的是，最近的事件顯示，追求和平與自由的願望才是人性的基本面，暴力則是其完全相反的一面。

我認為，這是對暴力問題最有力的發言，不分任何層面，暴力之廢除乃是世界和平及國際秩序終極目標的必要基礎。

※

恐怖主義、犯罪與侵略事件，媒體報導每天層出不窮。我所到過的國家，死亡與流血悲劇充斥報紙與廣播電視，無日無之。對記者來說，這類報導幾乎形同上癮，對閱聽大眾亦然。然而，絕大多數人類卻都是非暴力的；在這個星球上，真正採取暴力行為的只是極少數。多數人都是熱愛和平的。

基本上，人類珍惜安寧，甚至那些動用暴力的人亦然。舉例來說，春天來臨，白日變長，陽光較多，草木抽芽，萬物復甦。人便覺得愉悅。到了秋天，一葉飄零，眾樹隨之，百花凋謝，終至禿枝枯木圍繞。人心便為之低沉。為什麼呢？因為，內心深處，人之所願無非欣欣向榮，成果豐碩，而不願意衰敗、死亡與毀壞。任何破壞行為都與人的本性相違背；建設，欣欣向榮，才是人的道路。

我深信不疑的是，每一個人都同意，暴力必須予以壓制，但既要予以徹底消除，便不妨分析一下，暴力是不是也有其價值。這個問題如果從一個完全務實的角度來看就會發現，在某些情況，暴力確有其用。有的時候，用強制的力量的確可以迅速解決問題。然而，這樣做的同時，也就犧牲了別人的權利與福祉。其結果是，問題固然解決了，卻埋下了另外一顆種子。

另一方面，訴求如果合情合理，當然無須訴諸暴力。只有無法以理服人的人才會以力屈人。即使家人及朋友有意見，只要道理上站得住，自可以用道理來逐個說服，逐點辯明，只有那些道理上站不住的，才會很快就淪為嗔怒的俘虜。因此，嗔怒並非強者而是弱者的象徵。歸根結柢，重要的是要反省自己並檢查對方的動機。

暴力與非暴力的形式不一而足，不是單從外在因素就可加以分辨。如果動機是負面的，因此而採取的行動縱使表面上平和有禮，但從最深層的意義來說，仍屬暴力。相反地，如果動機真誠正面，但環境使然，需要採取嚴厲的作為，本質上，那就還是非暴力。但無論什麼情況，以我的看法，只有基於利他——不只是利己——的慈悲，才是使用強制力量唯一正當的理由。

在這個星球上，非暴力的真正落實儘管仍在實驗階段，但其出發點為愛與理解，所以是神聖的。實驗如果成功，將會為一個更為和平的世界開出一條道路。

偶爾聽西方人談論說，長期的甘地式鬥爭，使用非暴力的消極抵抗，並不適合每一個人，這種運動模式在東方比較自然，因為西方人積極主動，在任何情況中往往都要馬上找出結果，即使拚命也在所不惜。我以為，這種作法並非全然有利。倒是非暴力，我認為確實適合所有的人。它需要的就是決心。沒錯，東歐的自由運動很快就達到了目標，但從本質上來說，非暴力抗爭需要的往往是耐心。

在這一點上，中國的民主運動雖然面對殘酷的壓迫與重重困難，我祈禱，所有的參與者都能保持和平，也深信他們做得到。參與其事的中國年輕學生，雖然絕大多數都是生養在特別嚴厲的共產主義制度之下，一九八九年春天，他們就自發性地採取了甘地的消極抵抗策略。這情形很了不起，同時也清楚顯示，無論教條綁得多緊，人類終究都會追求自由之路。

※

在我的心目中，西藏是一個我之前所稱的「和平區」，亦即一個中立的、非軍事的聖所，禁止任何武器，人民與大自然和平共存。這並非只是一個夢想，而是在這個國家遭到入侵之前，西藏人民一千年來就努力想要過的生活。大家都知道，在西藏，按照佛教的原則，所有的野生動物都受到嚴格保護。同時，至少過去三百年來，西藏並沒有所謂的軍隊。早在第六及第七世紀，歷經三位信仰虔誠的偉大國王統治，放棄以戰爭做為手段就已經是西藏的國家政策。

有關發展區域共同體與限武的議題，我的看法是，每個共同體的「核心」可以是一個或多個願意成為裁軍的和平區國家。同樣地，這也不只是一個夢想。一九四八年，哥斯大黎加就解散了國家軍隊。一九八九年，百分之三十七的瑞士人民也投票支持解散軍隊。如果人民做了這樣的選擇，國家就可以徹底改變其本質。

和平區在區域共同體內扮演安定的綠洲。這些和平區雖然要公平分擔整個區域共同體所組成的聯合部隊，但也是整個和平世界的先驅與象徵，可以不必捲入任何衝突。如果區域共同體得以在亞洲、南美洲及非洲發展成形，落實裁軍，成立整個區域的國際部隊，這些和平區平將能夠擴大，並隨其成長而擴散。

我在這裡之所以不談聯合國，主要是因為它在協助改善世界及其在這方面所具備的潛力，大家都心知肚明。就其定位來看，在任何重大變化發生時，聯合國應該中立。然而，為因應未來，它或許有必要改良其架構。對聯合國，我一直抱著極大的希望，無意加以批評，但有一點還是要說，聯合國孕育於二次世界大戰之後，當時的環境如今已經改變。隨著此一變化，聯合國進一步民主化的機會已經出現，特別是排他的安全理事會及其五個常任理事國，應該有更多的代表才對。

對於未來，我覺得樂觀。某些最近的趨勢顯示，一個變得更好的世界大有可為。推回到五〇及六〇年代，大家都相信，人類終不免於戰爭。尤其是冷戰，更加強了一種想法，認為敵對政治制度唯有衝突一途，不要說合作，連競爭或許都不可能。今天，已經沒有人有這樣的想法了。全世界的人，真正關心的是世界和平，將意識形態丟到一邊，共存才是正道。這些發展都非常正面。

此外，數千年以來，人們一直以為，唯有威權組織運用嚴厲手段才能統治人類社會，殊不知人類本有追求自由與民主的慾望，這兩種力量一直處於衝突之中。時至今日，哪一種佔了上風已經非常明顯。非暴力「人民力量」運動的出現無可置疑地顯示，人類不可能乖乖屈服於專制暴政。此一認知所象徵的進步，意義重大。

另一項樂觀的發展則是科學與宗教之間的相容性不斷增長。整個十九世紀及二十世紀的多數時間，兩者之間世界觀明顯衝突的矛盾常令世人無所適從。時至今日，物理學、生物學及心理學已經達到相當尖端的層次，有關宇宙與生命的本質這類最深層的問題，許多研究人員也開始進行探究，而這樣的問題正是宗教的基本關切。

因此，一種更為統一的觀點出現的機會大為增加，特別是一種嶄新的心物概念正在形成之中。東方比較關切的是心的理解，而西方關切的則是物。今天兩者既然碰面了，這些生命的精神觀與物質觀或許也將更加趨於一致。

人類對地球的態度正迅速改變，同樣也帶來希望。只不過短短十或十五年前，人類還在漫不經心地消耗地球的資源，彷彿永遠取之不竭似的。但今天，不僅個人，連政府也都在尋求新的生態秩序。我常常開玩笑說，星星月亮看起來很美，但若真要住到上面去那可就悲慘了。這顆藍色星球才是最適於人類居住的，它的生命就是人類的生命，它的未來就是人類的未來。雖然我不認為地球本身也是有情眾生，但它的作用確實就像是人類的母親，而人類則有如孩子般地依賴它。

今天，大自然母親正在教導人類合作。面對全球性的問題，諸如溫室效應與臭氧層破洞，單一的組織及國家根本無濟於事。如果人類不通力合作，不可能找到任何解方。所以，大自然母親正在給人類上一堂普世責任的課。

我覺得可以這樣說，由於人類已經開始學得教訓，這個世紀將會比較友善和諧，也比較無害。和平的種子，慈悲，將能夠發榮滋長。我相當樂觀。另一方面，我認為，協助引導地球家族走上正確的方向，是每一個人的責任。光是祝福是不夠的，大家都必須承擔起責任才行。大規模的運動起於個人。如果覺得自己根本起不了什麼作用，下一個人或許也會覺得心灰意懶，大好的機會可能就此喪失。但換個想法，只要自己身體力行利他，每個人都可以以此激發他人。

我深深相信，世界上有許多為人真誠的人士也都懷抱與我相同的想法。可惜的是沒有人理會。儘管我的聲音可能也沒人在意，但我覺得，自己還是應該挺身而出為他們發聲。有人或許認為，達賴喇嘛這樣大言不慚未免大膽。但我認為，自己既然接受了諾貝爾和平獎，就有責任這樣做。如果只是拿了諾貝爾獎獎金，隨自己高興花掉，那豈不擺明了過去我講得那麼冠冕堂皇，原來都只是為了得這個獎。不管怎麼說，既然被頒授這個獎，就必須回報這份榮譽，繼續宣揚自己一貫的理念。

我真正相信，譬如說，個人的確可以在社會裡面起著重要的作用。在人類歷史上，像今天這樣巨大變化的時代極為罕見，因此，每個人善用時機協助創造一個更美好的時代正當其時。

12
科學站在十字路口

Science at the Crossroads

二〇〇五年十一月十二日神經科學學會在華盛頓特區舉行年會，本章取材自達賴喇嘛應邀於會中所發表之談話。

過去幾十年見證了科學對人類大腦及整個身體理解的重大進展。尤有進者，隨著基因學的新發展，有關生物組織運轉的神經學知識，如今也已經來到了基因的最細微層次。其結果甚至有可能在生命符碼的操控上帶來難以預料的技術，進而為整個人性展現全新的實景。

今天，科學更寬廣的涉入人性，已經不再只是學術上的關心；所有關切人類存在命運的人對此一問題都具有一種急迫感。因此我認為，對於人之所以為人的意義，以及人類對自己與其他有情眾生共享的自然世界所應負的責任，神經科學與社會的對話將可以產生重大的助益，深化有關這方面的理解。就此一更寬廣的涉入來說，我很樂於指出，神經學家與佛教禪修進行深入對話的興趣正不斷增加。

我自己對科學的興趣始於童年不安分的好奇心，當時還住在西藏，後來，逐漸明白科學與技術在對現代世界的瞭解上極端重要，不僅會去領會特定的科學概念，同時，也會去瞭解人類科學新知識與新技術的更深意涵。那些年，在特定的科學領域方面，探索最多的就是次原子物理學、宇宙學、生物學與心理學。這些方面，由於自己所知有限，我還真的要多謝卡爾・馮・魏茨澤克（Carl von Weizsäcker）及後來的大衛・波姆（David Bohm）在時間上的慷慨分享，這兩位可以說是我在量子力學上的老師；生物學方面，特別是神經科學，則要感謝後來的羅伯特・李文斯頓（Robert Livingston）及弗朗西斯柯・維瑞拉（Francisco Varela）。同時，我也要感謝許多傑出的科學家，在心性與生命機構（Mind and Life Institute）的贊助下，從一九八七年開始，在我所居住的印度德蘭薩拉舉行心性與生命會議，讓我有幸得與他們對話，而且持續多年，事實上，直到最近才畫下句點，而且就是在華盛頓這裡。

有人或許會問：**一個佛教比丘，在科學上下那麼大功夫，所為何來？佛教，一門古印度的思想與精神傳統，與現代科學之間又有什麼關係？一門科學，譬如神經科學，與佛教修行傳統進行對話，這中間又有什麼好處？**

沒錯，佛教修行傳統與現代科學之間雖然各有不同的歷史、知性與文化根源，但我認為，兩者在本質上有其共通之處，在基本的哲學觀及方法論上尤其無此。

在哲學的層次，對任何絕對的概念，佛教與現代科學都抱持懷疑態度，只要是概念化的，無論超驗存在、永恆、靈魂不變原則或實相根本層次皆然。佛教與科學一般談到宇宙與生命的演變與出現時，都說是因果自然法則的複雜相互作用。

從方法學的角度來看，兩個傳統都強調經驗主義所扮演的角色。舉例來說，按照佛教的觀照慣例，三個認知的來源——經驗、推理與驗證，最先是實際經驗，再來是推理，最後是驗證。這意味著佛教對實相的觀照，至少在原則上，是實際經驗重於經文權威，無論經文多麼受到推崇都一樣。即使是透過推理或推論所得的知識，其效度最終還是取決於某些看得見的經驗事實。基於此一方法學的觀點，我就常常對佛教同修說，現代宇宙學與天文學經實證所得的洞察，應該使我輩知所調整，或者在某些方面拋棄佛教舊典中所說的傳統宇宙學。

佛教對實相的觀照，其首要的動機便是要消除痛苦並使人達於完美狀態，因此，佛教觀照傳統的首要取向一直都是對人心及其各種作用的理解。唯其如此，才能更深入地洞察人類的心理，轉化人的思想、感情及其底層的傾向，也才能找到更健康、更充實的存在之道。也就是基於這個道理，佛教傳統才傳下來了一整套的心理狀態分類，以及改善特定心理狀態的修行法門。

所以，在佛教與現代科學所累積的知識與經驗之間，有關人心包羅廣泛的問題，從認知與情緒到對人類大腦內部固有的轉化能力，不僅饒富趣味而且大有利益。以我自己的經驗來說，與神經科學家及心理學家討論諸如正面與負面情緒、專注力、觀想乃至大腦的可塑性等問題之本質及作用，我就覺得受益匪淺。強烈的神經科學與醫學的證據顯示，在出生後最初的幾個星期中，僅僅只是身體的接觸，對嬰兒大腦的擴增都扮演了關鍵角色，有力說明了慈愛與人的快樂之間的緊密關係。

佛教一向強力主張，人心本來就存在著強大的轉化潛力。為達到轉化的目的，佛教發展了各式各樣的禪修技巧與觀想法門，其主要的標的有二，一是慈悲心的培養，一是培養對實相本質的洞察，亦即慈悲與智慧的結合。這些禪修法門的核心有兩個關鍵，一方面是修定及其持續的運用，另一方面是情緒的調整與轉化。我覺得，在這兩方面，把佛教的禪修傳統與神經科學合起來研究，或許會有極大的潛力。

舉例來說，專注力及情緒與腦部機制相關聯，現代神經科學的發展已經有了相當豐富的理解。佛教的禪修傳統所著眼的雖為修心，且有其悠久歷史，但另一方面，也可以提供改善專注力及調整與轉化情緒的實用技巧。因此，大腦迴路既然已經確認對特定的心理過程十分關鍵，那麼，有意識的心理活動是否影響大腦迴路，現代神經科學與佛教禪修法門的邂逅，就很有可能促成這方面的研究。

反正不管怎麼說，在許多重要的領域，這樣的科際邂逅大有助於關鍵問題的提出，舉例來說，在調控情緒及專注力上，個人是否具有一定的能力；又或如佛教所主張的，調整這些過程的能力是很容易改變的，因此，由於行為及腦部系統與這些功能相關聯，是否也同樣的很容易改變？

還有一個領域，亦即佛教在慈悲心的培養上所發展出來的實用法門，佛教的禪修傳統或許可以做出重要的貢獻。在有關專注力與情緒調整的心理訓練方面，也有一個問題變得很重要，亦即：任何特定的技巧，在功效上來說，都有其時效性，因此，可以裁製新的方法以適應年齡、健康及其他變動因素。

然而，還是有些地方要注意。當兩個截然不同的研究傳統，譬如佛教與神經科學，在科際對話中相遇時，通常都會隨著跨文化與領域的交換帶來問題。

舉例來說，說到「禪修學」時，就必須掌握得住此一說法的正確意涵。就科學家而言，我覺得，一個像**禪修**這樣重要的術語，科學家要站在其傳統基礎上掌握得住其不同意的涵才行。例如，就其傳統來說，禪修一詞是 *bhavana*（梵文）或 *gom*（藏文）。梵文一詞的意思是培養，譬如培養某種習慣或存在方式，但藏文 *gom* 一詞的意思卻是親近熟悉。所以，簡單地說，就傳統佛教而言，禪修指的是一種經過深思熟慮之後形成的心理活動，包括親近熟悉，無論其為選擇的對象、事實、主題、習慣、觀點或存在方式。

一般來說，禪修的類別有二，一是專注以定其心，一是理解的認知過程。此二者所指的是，（一）定禪，以及（二）觀禪。在兩種清況中，禪修都有多種不同的形式。

舉例來說，可以拿某種東西做為自己的認知對象，譬如說觀想自己的無常本質。或培養一種特定的心理狀態，譬如熱望紓解他人的痛苦。又或運用想像力，探索人類製造心象的潛力，以各種方式用之培養心理寧謐。

因此，在合作研究時，關鍵在於要知道所欲探究的是哪一種禪修，唯其如此，科學研究的專精度才能夠與所研究之禪修的奧妙相得益彰。

科學家這一邊，另外需要具備一種關鍵的鑑別力，要能夠在佛教思想的經驗面向與觀想修行之間，以及在和禪修相關的思辨性與形而上主張之間做出區別。換句話說，如同在科學的進程中，理論性的推論、以實驗為基礎的實證觀察，以及隨後的詮釋必須有所區別，同樣地，佛教的理論性推論、心理狀態能以經驗核實的特徵，以及隨後的思辨性詮釋，也應該做到這一點。唯其如此，參與對話的兩方，在人心可經驗的與可觀察的事實上，才能找到共同的立足點，也才不至於落入想要將另一方的架構納入己方的非分之想。

在這兩個探究傳統之間，儘管思辨前提與隨後的概念的詮釋或有不同……但只要納入了經驗的事實，無論選擇什麼方式加以描述，事實終歸是事實。無論心識的究竟本質為何——最後是否會化約為物質過程——我相信，對於人類知覺、思想與情緒各個面向的經驗的事實，都能夠得到一個共同的理解。

有了這些謹慎的考量，我相信，兩個探究傳統之間緊密合作，在人類對所謂心——內在主觀經驗的複雜世界——的擴大理解上必能做出真正的貢獻。事實上，這種合作的好處已經展現出來了。根據初步報導，修心——譬如規律從事簡單的正念修行，或用心培養佛教提倡的慈悲——對人類大腦因正面心理狀態所帶來的改變不僅可以觀察到，而且可以加以量度。

神經科學最近的發現已經證明了大腦本然的可塑性，無論染色體的結合或新神經的誕生，都是接受外在刺激——諸如自發的身體操練與環境的改善——的結果。運用各種也適合神經可塑性的修心法門，佛教的禪修或許也有助於擴大此一科學研究的領域。如果如佛教傳統所說，修心果真能夠影響大腦內部染色體結合與神經的改變，其意義就非比尋常了。

這樣的研究，影響所及不只是擴大對人心的瞭解而已，更重要的或許是，對教育與心理健康的理解也具有深遠的影響。同樣地，如果如佛教之所言，用心培養慈悲心可以大幅改變一個人的觀點，對別人會更有同理心，那麼，這對整個社會也具有深遠的意義。

最後，我相信，神經科學與佛教修行傳統的合作，將可對倫理學與神經科學的關鍵重大問題帶來新的看法。對於倫理與科學的關係，無論所持的觀點為何，究其實，科學主要還是一門經驗學科，道德上是中立的，價值上是純客觀的，基本上被視為一種探尋模式，目的在於對經驗世界與基本的自然法則提出詳細說明。

純粹從科學的觀點看，原子彈的發明的確是驚人的成就。然而，這一發明卻可能帶來難以想像的死亡與毀滅，因此產生了極大的潛在痛苦，所以是有害的。至於什麼是正面的，什麼是負面的，則交給倫理的評價。直到最近，這種倫理與科學分離的取向，總以為人類的道德是跟得上人類的知識，顯然是成功的。

今天，我認為人類正站在一個危急的十字路口。神經科學與基因科學到二十世紀末期的大幅進步，在人類歷史上帶來了一個新的時代。在細胞與基因的層次，人類對人類大腦與身體的知識，為基因的操控帶來了技術上的可能，這些科學的進步對倫理所構成的挑戰已經達到一個重大階段。非常明顯的是，道德上的想法已經完全趕不上知識與力量的快速進度。

然而，這些新發現及其應用繁衍廣泛，已經牽涉到人類本質的概念與人類的保存。因此，以為社會的責任僅止於推進科學知識及強化科技力量，至於如何運用這種知識與力量則是個人的事，這樣的認知顯然已經不夠。

時至今日，基本的人道主義與倫理考量必須要能夠影響科學發展的方向，特別是生命科學的。講到基本倫理原則，我並不是要推動宗教倫理與科學探究的結合。相反地，我所講的是我所稱的「世俗倫理」，所強調的是關鍵倫理原則，諸如慈悲、包容、對他人的顧惜與關懷，以及運用知識與力量的責任，是超越宗教信與不信之間，以及此教與彼教之間那道藩籬的。我個人喜歡將一切人類活動想像成手掌的手指，只要每根手指都和手掌的基本人道精神與利他主義一體，它們便可以繼續為人類的福祉服務。

我們都活在同一個世界。今日的經濟、電子媒體、國際旅遊，以及環境問題，在在提醒我們，這個世界相連交織得互為一體。在這個互為一體的世界，科學群體扮演著極端重要的角色。不論基於什麼歷史理由，今天的科學家所享有社會的尊敬與信任，遠遠超過我的思想與宗教。在此我呼籲科學家，將我們同為人類所共有的基本倫理原則帶進自己的專業工作。

致謝

深深感謝尊者達賴喇嘛，三十年來以極大的耐心與愛心，包容我這樣一個不成材、不長進的弟子，以大慈大悲之心，循循善誘，諄諄教誨我對正法的修習與理解。編輯此書也是出自同樣的用心，給了我一次深刻的學習經驗。若有缺失，當負全責。

普世責任基金會與我深深感謝 Ven Lhakdor，身兼西藏文獻與檔案館（Library of Tibetan Works and Archives）館長與西藏圖書館（The Library of

Tibetan）館長，承蒙惠允使用兩處的出版品。同時也要感謝尊者辦公室及其主任 Tenzin Geyche先生，協助並惠允使用許多其他的文獻。感謝 Chhime R. Chhoekyapa 先生（祕書）、Tenzin Takhla 先生（協同祕書）及 Tempsa Tsering 先生（駐德里公使兼代表），不斷付出時間並給予指導與支持。

我的西藏家人 Tendzin Choegyal 及 Rinchen Khando，長年以來，鼓勵不遺餘力，簡直把我給寵壞了。

Hay House 之為一家好出版社，始終都是那麼有耐心，最善體人意。萬分感謝 Ashok Chopra 的大力幫忙，鼓勵我擴大領域成為一名作家，如今已經有多本著作正在醞釀之中。Ratika Kapur，Hay House 負責我的編輯，留心細節，連極不明顯的小缺失都抓得出來，難能可貴。

有好幾個人協助初稿的進行，提出極有價值的洞見與建議。在這裡我要感謝 Swati Chopra、Shalini Srinivas、Jasjeet Purewal 及 Bindu Badshah。

基金會的同仁，特別是 Kunjo Tashi、Raji Ramanan、Thupten Tsewang 及 R. Lalita，一直都從旁協助。Kripa Consultants 的 Padmini 與 Krishnan 及我在公共服務廣播信託的同事 Tulika Srivastava、Ridhima Mehra、Sohni Ralia Ram、Aarti Narain 及 Sunil Srivastava，分擔我每日的工作，讓我有時間與空間努力做好這件事。

賢妻兼知心 Meenakshi Gopinath、家父 Har Narain Mehrotra 及繼母 Shanti Mehrotra，以及 Sarada Gopinath，自己雖然沒有正式修習過正法，但卻惠我良多。

——拉吉夫・梅赫羅特拉（Rajiv Mehrotra）
達賴喇嘛普世責任基金會理事兼祕書
新德里
www.furhhdl.org

內容簡介

從慈悲出發，直到一切苦止息

本書為達賴喇嘛（丹增嘉措）尊者普世責任基金會編著，介紹達賴喇嘛與科學家、政治家、學者、企業家及藝術家的各界意見交流，集結了佛教與現今社會各領域的精采對話，並闡述他對此一支離破碎、多災多難世界之所思、所言及所教。

達賴喇嘛認為，人之所以有苦，其根源在於對人生問題的大哉問——生活的目的為何？——未能有解。尊者為我們提供了思考的依據：生活的目的就是快樂。想做到避苦趨樂，就要求得心的平安，而只有

「愛與慈悲的開展能為內心帶來最大的平靜」。

愛與慈悲的最大障礙則是嗔怒與仇恨，這兩樣都是極端強大的情緒，確實能帶來意想不到的能量，需要堅強的心性與確實的修行來加以管束，否則其盲目的本質足以將人心完全壓倒，妨礙愛心的追求，斷絕快樂之路。

要怎麼做才能不為嗔怒與仇恨所蒙蔽？第一步便是培養慈悲心。尊者於文中詳細說明如何在生活中培養慈悲的修行方法，同時也提出關於擴大快樂的「利他」論述，指出個人的快樂對整個人類社會的全面改善也可以提供深遠有力的貢獻，希望每一位有志修行者，都能思考個人與社會互利互惠的人我關係。

此外，尊者也以個人「言教必落實於言行」提供修行方針，針對心的轉化、禪修之道、業報法則、生死意義等題目加以闡述，並為讀者導讀修心八偈，簡論佛法的精髓，透過其充滿智慧的話語，引領讀者淺探「佛教是什麼？」。最後，更以宏觀的角度闡明修行者的普世責任，同時提出佛法與科學兩者其本質的共通之處。本書主題面向豐富，內容深入淺出，讀之有感，行之不迫，是學習達賴喇嘛精神的親切易讀之作。

作者簡介

達賴喇嘛　丹增嘉措（Tenzin Gyatso）

一九三五年生於西藏安多，一九五九年中共接管西藏後，他在印度達蘭沙拉成立流亡政府，是西藏的精神與政治領袖。精通藏傳佛教各宗派教義，並致力於推廣佛法到西方，成為舉世聞名的精神導師。他是個奮戰不懈的和平工作者，所倡導的普世與個人責任觀也備致推崇，於一九八九年獲頒諾貝爾和平獎，二〇一一年宣布為推進民主制度，將一切政治權力移交由流亡藏人投票產生的領導人噶倫赤巴洛桑森格。

編者簡介

拉吉夫．梅赫羅特拉（Rajiv Mehrotra）

達賴喇嘛普世責任基金會理事暨祕書，隨達賴喇嘛學習達二十五年。

譯者簡介

鄧伯宸

成功大學外文系畢業，曾任報社翻譯、主筆、副總編輯、總經理，獲中國時報文學獎附設胡適百歲誕辰紀念徵文優等獎。譯作包括《哭泣的橄欖樹》、《印度 美麗與詛咒》、《真正的家：365天每日智慧》、

《遙遠的目擊者：阿拉伯之春紀事》、《日本新中產階級》等（以上皆由立緒文化出版）。

文字校對

馬興國

中興大學社會系畢業；資深編輯。

大旗文化 閱讀卡

姓　名：

地　址：□□□

電　話：(　　)　　　　　傳 眞：(　　)

E-mail：

您購買的書名：________________

購書書店：________市（縣）____________書店

■您習慣以何種方式購書？

□逛書店 □劃撥郵購 □電話訂購 □傳真訂購 □銷售人員推薦
□團體訂購 □網路訂購 □讀書會 □演講活動 □其他______

■您從何處得知本書消息？

□書店 □報章雜誌 □廣播節目 □電視節目 □銷售人員推薦
□師友介紹 □廣告信函 □書訊 □網路 □其他________

■您的基本資料：

性別：□男 □女　婚姻：□已婚 □未婚　年齡：民國______年次

職業：□製造業 □銷售業 □金融業 □資訊業 □學生
□大眾傳播 □自由業 □服務業 □軍警 □公 □教 □家管
□其他____________

教育程度：□高中以下 □專科 □大學 □研究所及以上

建議事項：

愛戀智慧 閱讀大師

廣 告 回 信
北區郵政管理局登記證 北臺字8448號
免 貼 郵 票

立緒文化事業有限公司 收

新北市 2 3 1

新店區中央六街62號一樓

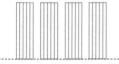

請沿虛線摺下裝訂，謝謝！

立緒文化 閱 讀 卡

感謝您購買立緒文化的書籍

為提供讀者更好的服務，現在填妥各項資訊，寄回閱讀卡（免貼郵票），或者歡迎上網http://www.facebook.com/ncp231即可收到最新書訊及不定期優惠訊息。

達賴喇嘛

達賴喇嘛代表了一個完整存留到今天的偉大智慧傳承。
而這個文明唯有在流亡中才能得以保全，
更顯示出這個時代的脆弱。

達賴喇嘛在哈佛

談四聖諦、輪迴、敵人

達賴喇嘛 ◎藏文口述
Jeffrey Hopkins ◎英譯
鄭振煌 ◎中譯

ISBN:978-986-360-024-4
定價：320元

曼陀羅:
時輪金剛沙壇城

「時輪金剛是一個世界和平的載具。」達賴喇嘛數度提及。時輪金剛能不能解開二千六百年前釋迦牟尼佛傳授密法的奧秘，幫助我們面對今天瀕臨危險的地球以及倖存的人類？

ISBN: 978-986-360-150-0
定價：380元

達賴喇嘛說幸福之道

ISBN: 978-986-7416-28-5
定價：300元

藏傳佛教世界：
西藏佛教的哲學與實踐

達賴喇嘛◎著

中時開卷版一周好書
ISBN:978-986-6513-80-0
定價：250元

意識的歧路

佛法VS科學；心VS腦
達賴喇嘛與六位腦科學家的對話
Zara Houshmand◎編

中時開卷版一周好書
誠品好讀重量書評
ISBN:978-957-0411-56-0
定價：260元

生命之不可思議

達賴喇嘛揭開輪迴之謎
達賴喇嘛◎著

ISBN:957-9967-73-3
定價：230元

達賴喇嘛說般若智慧之道

達賴喇嘛開示：
入菩薩行 智慧品

ISBN:978-986-360-163-0
定價：320元

情緒療癒

21世紀的醫療挑戰
生命科學與藏密智慧對話
Daniel Goleman◎主編

中時開卷版一周好書
ISBN:978-957-8543-40-1
定價：280元

達賴喇嘛說慈悲帶來轉變

達賴喇嘛與八位心理治療
心理輔導界頂尖人士對話

ISBN:978-986-360-045-9
定價：280元

國家圖書館出版品預行編目 (CIP) 資料

達賴喇嘛說喜樂與開悟 / 達賴喇嘛 丹增嘉措
(Tenzin Gyatso) 著 ; 拉吉夫 · 梅赫羅特拉 (Rajiv
Mehrotra) 編 ; 鄧伯宸譯 . -- 二版 .
-- 新北市 : 立緒文化事業有限公司 , 民 110.04
面 ; 公分 . -- (新世紀叢書 ; 230)
譯自 : In my own words : an introduction to my
teachings and philosophy
ISBN 978-986-360-173-9(平裝)

1. 藏傳佛教 2. 佛教修持

226.965 110004116

達賴喇嘛說喜樂與開悟（第二版）

In My Own Words : An Introduction to My Teachings and Philosophy

出版——立緒文化事業有限公司（於中華民國 84 年元月由郝碧蓮、鍾惠民創辦）
作者——達賴喇嘛 丹增嘉措（Tenzin Gyatso）
編者——拉吉夫 · 梅赫羅特拉（Rajir Mehrotra）
譯者——鄧伯宸

發行人——郝碧蓮
顧問——鍾惠民

地址——新北市新店區中央六街 62 號 1 樓
電話—— (02) 2219-2173
傳真—— (02) 2219-4998
E-mail Address —— service@ncp.com.tw
劃撥帳號—— 1839142-0 號 立緒文化事業有限公司帳戶
行政院新聞局局版臺業字第 6426 號

總經銷——大和書報圖書股份有限公司
電話—— (02) 8990-2588 傳真—— (02) 2290-1658
地址——新北市新莊區五工五路 2 號
排版——菩薩蠻數位文化有限公司
印刷——祥新印刷股份有限公司

法律顧問——敦旭法律事務所吳展旭律師

分類號碼—— 226.965
ISBN —— 978-986-360-173-9
出版日期——中華民國 104 年 8 月初版 一刷（1 ~ 2,500）
中華民國 110 年 4 月二版 一刷（初版更換封面）

定價◎ 300 元（平裝） 立緒